완벽한 커피 맛의
시크릿

완벽한 커피 맛의 시크릿

98 대 2의 게임, 물이 결정한다

초 판 1쇄 2024년 10월 22일

지은이 김범연, 김진호
펴낸이 류종렬

펴낸곳 미다스북스
본부장 임종익
편집장 이다경, 김가영
디자인 윤가희, 임인영
책임진행 이예나, 김요섭, 안채원, 김은진, 장민주

등록 2001년 3월 21일 제2001-000040호
주소 서울시 마포구 양화로 133 서교타워 711호
전화 02) 322-7802~3
팩스 02) 6007-1845
블로그 http://blog.naver.com/midasbooks
전자주소 midasbooks@hanmail.net
페이스북 https://www.facebook.com/midasbooks425
인스타그램 https://www.instagram.com/midasbooks

ⓒ 김범연, 김진호, 미다스북스 2024, *Printed in Korea*.

ISBN 979-11-6910-845-4 03320

값 22,000원

🐌 **미다스북스**는 다음세대에게 필요한 지혜와 교양을 생각합니다.

완벽한 커피 맛의 시크릿

김범연, 김진호 지음

98 대 2의 게임, 물이 결정한다

미다스북스

저자 소개

김범연

대학 4학년 재학 중에 아쿠아마인을 창업하여 물의 4세대 기술인 '미네랄메이커'를 개발한 혁신가이다. 이 제품으로 만든 '마그네슘 알칼리이온 워터는 고혈당으로 손상된 신장세포를 보호하는 효과가 있다'라는 것을 의과대학의 연구를 통해 입증했으며, 관련 연구는 SCIE 국제 학술지에 등재되어 우수 논문으로 평가받고 있다. 또한 '미네랄메이커 커피 연구소'를 설립하여 물 전문 바리스타로 활약 중이고 전국의 카페 경영자들과 바리스타들에게 컨설팅을 제공하여 커피 맛에 대한 자신감을 회복시키고 있다.

김진호

삼성전자에서 29년간 재직한 후, 10여 년간 기능성 물을 연구해 온 물 건강 전문가이다. 대기업 재직 중 겪었던 위장병과 두통 등 탈수로 인한 질환의 치유 경험을 『물은 건강을 알고 있다』에 담아 출간했다. 현재 '커피 워터 소믈리에' 세미나를 통해 커피 맛에 대한 고민을 해결하는 솔루션을 제공하며 많은 카페와 바리스타들에게 깊이 있는 인사이트를 전하고 있다.

- 🫘 **유튜브:** 〈미네랄메이커TV〉 https://www.youtube.com/@MineralMaker
- 🫘 **인스타그램:** 〈미네랄메이커〉 https://www.instagram.com/mineralmaker_official
- 🫘 **블로그:** 〈미네랄메이커 캠퍼스〉 https://blog.naver.com/mineralmaker
- 🫘 **카페:** 〈커피 워터 소믈리에〉 https://cafe.naver.com/aquamine
- 🫘 **홈페이지:** 〈미네랄메이커〉 www.mineralmaker.co.kr
- 🫘 **이메일:** visionkim365@naver.com

프롤로그

"커피 맛 잡다가 사람 잡는다!"

아침마다 반복되는 커피 맛 고민을 해결하는 방법은 없을까?

특히 비가 내리는 날이면 커피의 신맛이 지나치게 강하거나 쓴맛이 부담스럽게 다가오고, 때로는 밍밍하거나 텁텁한 맛이 나서 고민은 더욱 깊어진다. 카페 경영자들은 매일매일 일관된 커피 맛을 유지하는 것이 큰 도전이 된다. 이는 커피에 대한 애정이 남다른 이 땅의 카페 경영자들이 매일 직면하는 현실이다.

커피 맛의 틀을 깨라.

카페 창업을 꿈꾸는 이들이나 이미 운영 중인 경영자들에게 있어서 좋은 커피를 제공하는 일은 사업적 성공을 넘어 고객의 삶을 더욱 풍요롭게 만드는 중요한 역할을 한다. 그들은 최상의 커피 맛을 구현하기 위해 유명한 커피 머신과 품질 좋은 원두를 사용하고 있음에도 불구하고 여전히 만족스럽지 않은 커피 맛이 나는 이유가 무엇인지 알 수가 없어 고민이 많다.

카페 경영자들은 원두 공장에서 시음한 커피 맛과 같은 원두를 사용하지만, 그럼에도 자신의 카페에서 추출한 커피 맛이 다름을 느끼곤 한다. 또한, 전국의 대도시에서 열리는 커피 전시회에서 시음한 커피 맛과 집 또는 매장에서 추출한 커피 맛이 다름도 알고 있다. 이처럼 같은 원두를 사용했음에도 불구하고 커피 맛의 차이가 나는 것은 바로 물의 영향력 때문이다. 이제까지 커피 머신과 원두에만 집중했다면 앞으로는 커피 추출에 최적화된 물의 중요성을 깨달아야 한다.

과학과 경험이 만드는 새로운 커피 역사.

필자들은 10년 전, 건강한 삶을 위해서는 올바른 물 마시기 습관이 가장 중요하다는 사실을 깨달았다. 그 이후 물이 건강에 미치는 영향을 이해하기 위해 여러 나라 의학 박사의 물 연구 저서를 탐구했고, 마그네슘 알칼리이온 워터를 만드는 '미네랄메이커'를 개발했다. 이 제품을 매일 사용하면서 물이 몸의 자연 치유력에 미치는 영향을 관찰했고 긍정적인 변화를 체험했다. 이런 경험들을 모아 『물은 건강을 알고 있다』에 담아서 출간한 바 있고, 현재 많은 독자가 이 책을 통해 건강 관리에 도움을 받고 있다.

우리는 미네랄메이커로 만든 건강에 좋은 물이 커피 맛에도 긍정적인 영향을 줄 것이라는 확신을 했고, 3년 전부터 커피에 관한 과학적인 탐구를 시작했다. 원두의 배전도에 따른 커피 맛의 변화를 파악하기 위해 많은 양의 에스프레소 추출 실험과 관능 평가를 진행하며 밤잠을 설치기도 했다. 이러한 연구를 바탕으로 '미네랄메이커 커피연구소'는 최상의 커피 맛을 추출하기 위한 솔루션을 정립했다.

그리고 전국의 카페를 방문하여 물 품질과 커피 맛 분석 컨설팅을 진행하면서 습득한 과학적인 지식과 경험적인 체험을 『완벽한 커피 맛의 시크릿』에 담았다. 이를 통해 새로운 커피 역사의 장을 열고 있다.

카페의 사명: 커피잔을 완전히 비우게 하라.

커피 맛의 진정한 평가자는 카페 방문 고객이다. 그들의 평가 점수는 빈 커피잔에서 드러난다. 완벽한 커피 맛의 시크릿을 잘 이해하고 실천하여 고객들이 커피잔을 완전히 비울 때 카페의 사명은 완수된다. 이는 카페의 기본 사명이 충실히 이행됨과 동시에 고객 재방문율이 높아지게 됨을 의미한다. 이 책을 읽다 보면 커피잔을 완전히 비우게 하는 사명은 누구나 완수할 수 있음을 알 수 있게 될 것이다.

감사의 마음을 담아서.

인생은 짧다. 그 짧은 시간 속에서 우리는 작은 사치와 소소한 행복을 통해 삶의 질을 높일 수 있다. 완벽한 커피 맛의 시크릿을 통해 카페 경영자와 바리스타, 예비 창업자들의 인생을 변화시킬 수 있다는 확신이 들기에, 우리는 오늘도 이런 것을 할 수 있음에 깊은 감사의 마음이 든다.

이 책을 쓸 수 있도록 과학적인 지식과 경험적인 체험 그리고 영감을 주신 하나님께 감사드린다. 또한, 『완벽한 커피 맛의 시크릿』의 출간을 도와주신 〈미다스북스〉 류종렬 대표님과 이다경 편집장님 등 모든 분께 감사드린다. 끝으로 책 쓰기가 순조롭게 진행되도록 기도하고 격려해 준 이경순 권사님, 이아영, 정성원, 김혜연 그리고 매일 재롱이 늘어나고 있는 정우빈에게도 감사의 마음을 전한다.

목   차

1장
물

자연이 주는 천연 치료제

"커피는 좋은 물로 만들어야 합니다.

그것이 곧 완벽한 커피의 첫걸음입니다."

– James Hoffmann (커피 전문가, 작가) –

물의 역사와 자연치유의 힘

이 세상에서 변하지 않는 유일한 진리는 "모든 것은 항상 변하고 있다"라는 것이다. 이 변화를 우리는 '역사'라고 부른다. 이러한 변화의 흐름 속에서 물은 그 자체로 생명의 본질이며 지구의 모든 생명체가 살아가는 데 필수적인 요소이다. 또한, 물은 우리 지구 환경의 핵심이 되어 지구의 숨결과 같이 끊임없이 순환한다.

수분의 순환, 즉 물의 순환은 물이 지구 표면과 대기 사이에서 끊임없이 이동하며 생명을 이어가는 과정이다. 이 순환 과정은 증발, 증산, 응결, 강수, 침투, 지하수 유동, 그리고 유출 등의 단계로 이루어져 있다. 각 단계는 서로 이어지며 하나의 거대한 생명 체계를 이루고 있다.

산업 혁명은 인류의 산업화를 이끌며 우리 사회의 모습을 바꾸어 놓았다. 하지만 물의 역사는 훨씬 더 깊고 오래된 이야기이다. 물은 우리가 태어나고 자라며 살아가는 모든 순간에 함께하며 인간의 평균 수명을 늘리는 데 결정적인 역할을 해왔다. 물은 그저 흐르는 자원이 아니라 우리의 삶과 역사를 지탱하는 힘이다.

이제 우리는 물의 순환과 역사를 통해 자연의 지혜를 배워야 할 때이다. 물이 가르쳐 주는 끊임없는 변화와 순환의 의미를 깊이 새기며 우리도 이 세상에서 변화를 주도하고 그 변화를 통해 더 나은 역사를 만들어야 한다. 물처럼 부드럽고도 강한 존재로서 모든 변화를 수용하고 그 속에서 스스로 새롭게 태어나야 한다.

✍ 물의 순환 과정

증발

태양 에너지는 해수, 담수, 토양 등의 표면에서 물을 기화시킨다. 이 과정에서 물은 수증기로 변환되어 대기 중으로 올라간다. 증발은 대기 중으로 많은 양의 수증기를 공급하며 이는 물 순환의 시작이다.

증산

식물은 광합성 과정 중에 잎을 통해 수분을 증발시킨다. 이를 증산이라 하며 증발과 함께 대기 중의 수증기량을 증가시킨다. 식물의 증산은 전체 증발량의 상당 부분을 차지하며 이는 생태계 내 물 순환의 중요한 부분이다.

응결

대기 중의 수증기는 차가운 공기와 만나면서 응결하여 구름을 형성한다. 수증기가 액체 물방울로 변환되면서 에너지를 방출하고 이는 기상 현상에 영향을 미친다. 구름은 이후 강수의 형태로 지표면에 물을 돌려준다.

강수

구름 속의 물방울이 커지면서 비, 눈, 우박 등의 형태로 지표면에 떨어진다. 강수는 지표면에 직접 물을 공급하며 이는 강, 호수, 대양 등의 수자원을 채운다. 강수는 지구상의 모든 생명체가 의존하는 중요한 물 공급원이다.

침투와 지하수 유동

강수는 지표면에 도달하여 일부는 토양으로 침투한다. 침투한 물은 지하수로 흘러 들어가며 지하수는 천천히 이동하면서 식수원, 농업용수, 생태계 유지에 중요한 역할을 한다. 지하수는 또한 다시 대기로 증발하거나 하천과 강으로 흘러 들어가 물의 순환을 계속 이어간다.

유출

지표면에 도달한 강수 중 침투하지 못한 물은 하천, 강, 호수 등으로 흘러간다. 이 과정에서 물은 지형을 형성하고 토양 침식을 방지하며 하천 생태계를 유지한다. 유출은 땅윗물 자원을 유지하고 물의 순환을 완성하는 단계이다.

이처럼 물의 순환은 지구 환경의 균형을 유지하고 생명체에 필요한 물을 공급하며 기후 조절에 중요하다. 단순하게 보이는 물이지만 산업 혁명의 역사를 거치면서 물의 기능도 업그레이드되어 새로운 역사를 만들어 나가고 있다.

☕ 산업 혁명 vs 물의 역사

산업 혁명은 시대별로 인류의 삶을 통째로 바꾸어 놓았다. 인류의 삶을 변화시킨 각 산업 혁명의 역사를 간단히 살펴보면 다음과 같다.

1차 산업 혁명

증기 기관이 산업을 이끌었다. 이는 대규모 기계화와 공장 시스템을 도입할 수 있게 하였으며 섬유 산업과 철도, 건설 등 다양한 분야에서 혁신을 일으켰다.

2차 산업 혁명

전기의 도입으로 산업이 크게 변화했다. 전기의 활용은 대량 생산과 조립 설비를 가능하게 하여 자동차 산업을 비롯한 여러 산업에서 생산성을 크게 향상했다.

3차 산업 혁명

인터넷과 정보 통신 기술의 발전을 통해 산업의 패러다임을 전환했다. 디지털 혁명으로 불리는 이 시대에는 컴퓨터와 인터넷의 보급으로 정보의 교환과 접근이 혁신적으로 변화했다.

4차 산업 혁명

인공지능(AI), 로봇 공학, 사물인터넷(IoT) 등이 산업을 이끌어가고 있다. 이러한 기술들은 자동화와 데이터 분석을 통해 생산성을 높이면서도 노동 시간을 줄이는 데 이바지하고 있다.

각 산업 혁명 시대는 기반 지식과 생산 수단의 발전에 따라 생산성이 높아졌고 이에 따라 노동 시간도 변화했다. 1차, 2차, 3차 산업 혁명 시대에는 생산성 향상과 함께 노동 시간도 증가했지만 4차 산업 혁명 시대에는 AI와 로봇 덕분에 생산성이 높아지면서도 노동 시간은 줄어드는 추세이다. 이는 더욱 큰 창의력이 요구되는 시대를 열고 있다.

이와 같은 산업 혁명과 더불어 물의 역사를 살펴보면 사람의 평균 수명은 마시고 있는 물에 따라 다름을 알 수 있다. 신체의 70%를 구성하는 수분이 어떤 종류의 물로 채워지느냐에 따라 수명이 달라진다. 물의 역사와 세대별로 평균 수명을 살펴보면 다음과 같다.

물의 1세대, 우물의 시대

우물의 시대에는 물의 오염이나 세균 감염 등으로 인해 평균 수명이 60세를 넘기기가 어려웠다.

물의 2세대, 수돗물의 시대

수돗물은 대형 정수 처리 시설과 염소 소독 등을 통해 우물의 오염과 세균 감염 문제를 해결했다. 수돗물이 보급되면서 평균 수명이 60세를 넘기기 시작했다.

물의 3세대, 정수기 시대

수돗물의 미세 이물질과 염소 사용 등으로 인한 새로운 건강 문제가 대두되면서 정수기와 일회용 생수 보급이 폭발적으로 증가했다. 이를 통해 평균 수명은 80세를 넘기기 시작했다.

물의 4세대, 미네랄메이커 시대

세계의 장수마을에서는 미네랄 함량이 많은 알칼리성 물을 마시고 있다. 건강한 인생 100세 시대를 열기 위해 일본, 미국, 한국 등의 많은 의학 박사는 자연 치유력이 있는 물의 기능에 관해 다양한 연구를 하고 있다. 그리고 암, 당뇨, 비만, 위장, 아토피 피부염 등의 생활습관병을 치료하는 물로 활용하고 있다.

의학 박사들이 지금까지 물의 자연 치유력을 연구하면서 밝혀낸 건강한 물의 특징은 다음과 같다.

① 마그네슘, 칼슘 등 필수 미네랄 함량이 많다.

② 수소이온농도(pH)는 알칼리성이다.

③ 산화환원전위는 마이너스(−)이며 환원력을 지닌다.

④ 물 입자 크기가 작아 세포의 아쿠아포린(물 통로)에서 흡수와 배출이 쉽다.

⑤ 수소가 포함되어 있고 활성산소를 제거한다.

지금 우리는 4차 산업혁명의 시대를 살고 있으며 동시에 물의 4세대인 미네랄메이커 시대에 접어들었다. 또한, 인생 100세 시대라고 불리는 현재, 오래 사는 것만큼 중요한 것은 어떻게 건강하게 나이 들어가는가 하는 문제이다. 단순히 오래 사는 것이 아니라 건강하게 나이 들며 삶의 모든 순간을 풍요롭게 누리는 것이야말로 진정한 행복이다. 몸이 병들고 아픔 속에서 늙어가는 것은 당사자뿐 아니라 가족 모두에게 큰 고통이 되기 때문이다.

　우리가 식탁에서 맛있는 음식을 고르듯이 이제는 건강을 위해 물을 선택하는 일이 중요해졌다. 물은 단순한 음료가 아니라 우리의 몸과 마음을 지탱하는 필수적인 요소이다. 건강하고 행복한 삶을 위해서는 우리가 마시는 물이 어떤 물인지에 주목해야 한다.

　물의 역사가 보여주듯이 미네랄이 풍부한 알칼리성 물을 충분히 마시는 것은 아프지 않고 건강하게 살아가는 길임을 잊지 말아야 한다. 우리가 매일 마시는 물 한 잔, 그것이 우리 인생의 질을 좌우할 수 있다. 이제는 물을 통해 자연 치유의 힘을 쌓아가며 내면과 외면이 조화를 이루는 삶을 살아야 한다.

　이 시대에 맞는 현명한 선택을 통해 우리는 모두 건강하게 익어가는 인생을 만들어갈 수 있다. 물 한 모금 속에 담긴 자연 치유의 선물을 마음껏 누리며 삶의 모든 순간을 풍요롭게 채워가는 건강 부자의 삶을 살자.

물의 역사를 살펴보면 사람의 평균 수명은
마시고 있는 물에 따라 다름을 알 수 있다.
신체의 70%를 구성하는 수분이
어떤 종류의 물로 채워지느냐에 따라 수명이 달라진다.

물로 건강과 아름다움을 커라

　사람은 사랑하면 예뻐진다. 그 이유는 마음이 행복해지고 그 행복이 얼굴에 빛으로 나타나기 때문이다. 그렇다면 우리 몸을 가득 채우는 물이야말로 우리를 가장 아름답게 그리고 건강하게 만들어 주는 사랑의 비밀이 아닐까?

　물은 모든 생명체의 본질이며 우리 존재의 핵심이다. 물은 단순히 갈증을 해소하는 것이 아니라 우리 몸 안에서 매 순간 생명 활동을 이어가는 중요한 역할을 한다. 세포 하나하나의 기능을 돕고 신진대사를 활발하게 하며 영양소를 온몸에 전달한다. 또한, 체온을 조절하고 노폐물을 배출하여 우리 몸을 깨끗하게 유지하는 것도 물의 몫이다.

　만약 물이 부족하다면 우리 몸은 즉시 그 영향을 느끼게 된다. 탈수가 시작되면 신체의 기능이 저하되고 다양한 건강 문제가 발생한다. 물이 없이는 우리의 몸도 마음도 제대로 기능할 수 없다. 그러니 사랑하는 이에게 좋은 물 한 잔을 건네는 것은 가장 큰 애정 표현이다.

　물은 단순한 액체가 아니라 우리의 건강과 아름다움을 지켜주는 가장 자연스럽고도 강력한 힘이다. 물을 충분히 마시는 것이야말로 자신을 사랑하고 또한 사랑하는 이들에게 건강과 행복을 선물하는 길이다. 오늘도 물 한 잔의 소중함을 느끼며 자신을 스스로 아끼고 돌보는 마음으로 물을 충분히 마셔야 한다. 그 작은 습관이 나의 삶을 더욱 빛나고 건강하게 만들어 준다. 물이 주는 생명의 선물을 통해 모두가 아름답고 건강한 삶을 누릴 수 있다.

🌢 물의 주요 기능

세포 기능 유지

물은 세포 내에서 중요한 용매로 작용하여 생화학적 반응을 촉진한다. 또한, 세포 내·외부의 영양소와 노폐물의 이동을 돕는다. 세포 기능이 원활하게 이루어지기 위해서는 충분한 수분 섭취가 필요하다.

신진대사 촉진

물은 영양소의 소화와 흡수를 돕고 에너지 생성 과정에서 중요한 역할을 한다. 신진대사 과정 중 생성되는 노폐물은 물을 통해 배출되므로 충

분한 수분 섭취는 신진대사 효율을 높인다. 물은 신진대사 과정에서 중
요하다.

영양소 운반

물은 혈액의 주요 성분으로 영양소와 산소를 신체 각 부분으로 운반하
는 역할을 한다. 혈액 순환이 원활해야 영양소가 세포에 공급되고 노폐
물이 원활하게 배출된다. 이는 신체의 전반적인 건강을 유지하는 데 중
요하다.

체온 조절

물은 체온 조절에 중요한 역할을 한다. 땀을 통해 체내 열을 발산시켜
체온을 유지하는데 특히 운동 중이나 더운 날씨에 매우 중요한 기능이
다. 충분한 수분 섭취는 체온 조절을 원활하게 하고 특히 폭염 날씨 중
에 발생하는 열사병 등의 온열 질환 위험을 줄인다.

노폐물 배출

물은 신장 기능을 통해 체내 노폐물을 배출하는 데 중요한 역할을 한다.
소변을 통해 체내의 노폐물과 독소가 배출되며 이는 신체의 해독 과정
에서 필수적인 작용이다. 충분한 물 섭취는 신장 기능을 지원하고 신장
결석 등의 문제를 방지한다.

🌢 수분 섭취와 건강

탈수 예방

탈수는 신체가 필요로 하는 수분이 부족한 상태로 피로, 두통, 집중력 저하, 피부 건조 등 다양한 증상을 유발한다. 심한 탈수는 신장 기능 저하, 열사병, 쇼크 등을 초래하기도 한다. 일상적인 수분 섭취는 탈수를 예방하고 건강을 유지하는 데 중요하다.

소화 기능 개선

물은 소화를 돕고 변비를 예방하며 소화 효소의 작용을 촉진한다. 식사 중 충분한 물 섭취는 소화 과정을 원활하게 하고 소화 불량을 방지한다. 물은 소화 과정에서 중요한 역할을 한다.

피부 건강 유지

물은 피부를 촉촉하게 유지하고 탄력을 증가시키며 피부 노화를 늦춘다. 또한, 물은 피부 세포의 재생을 돕고 피부 문제를 줄인다. 충분한 수분 섭취는 피부 건강에 긍정적인 영향을 미친다.

체중 관리

물은 포만감을 증가시켜 과식을 예방하고 대사율을 높여 열량 소모를 촉진한다. 식사 전 물 한 잔을 마시는 것은 체중 감량에 효과적이다. 물은 체중 관리에 중요하다.

정신 건강

수분 부족은 피로, 두통, 집중력 저하 등의 증상을 유발하며 이는 정신 건강에 부정적인 영향을 미친다. 충분한 수분 섭취는 뇌 기능을 최적화하고 정신적 피로를 줄이며 기분을 개선한다.

⬤ 건강한 수분 섭취 방법

일상적인 수분 섭취

매일 적절한 양의 물을 섭취하는 것이 중요하다. 하루 권장 음수량은 체중 1kg당 물 33mL이다. 만약 체중 60kg이라면 물 2리터(60kg x 33mL)를 하루 8~9번으로 나누어 마신다. 그러나 수분 섭취량은 개인의 신체 상태, 활동 수준, 기후 등에 따라 다르다.

수분 섭취의 다양화

물 이외에도 과일, 채소와 같은 수분이 많은 음식을 통해서도 수분을 섭취할 수 있다. 그러나 가공 음료는 될 수 있으면 마시지 않아야 한다, 가공 음료는 대부분 당분, 카페인 등이 첨가되어 있어 오히려 탈수를 촉진할 수 있기 때문이다. 가공 음료를 마셨을 때는 더 많은 양의 물을 마셔야 탈수를 방지할 수 있다.

규칙적인 수분 섭취 습관 만들기

온종일 규칙적으로 물 마시는 습관을 만들어야 한다. 한 번에 많은 양의 물을 마시는 것보다는 조금씩 나누어 마시는 것이 신체에 더 효과적이다. 미국의 한 연구 결과에 따르면 노인들은 24시간 동안 물을 마시지 않아서 몸은 탈수 상태에 있음에도 불구하고 목마름을 전혀 느끼지 못했다. 목이 마르기 전에 물을 마시는 습관을 들이면 탈수를 예방할 수 있다.

물을 마시는 시기는 아침에 일어나자마자, 식사하기 30분~1시간 전, 식사 중, 식사 후 2시간 지났을 때, 밤에 잠자리 들기 1시간 전 등 하루 8~9번 정도가 적당하다. 특히 아침에 일어나자마자 물 한 잔을 마시는 것은 잠자는 동안 진행된 탈수를 해소하고 하루의 시작을 건강하게 하는 좋은 방법이다.

활동량에 따른 수분 조절

운동이나 야외 활동 시에는 더 많은 수분 섭취가 필요하다. 야외 활동이나 운동을 시작하기 1~2시간 전에 약 500mL의 물을 마셔서 체내 수분을 미리 보충한다. 활동 중에는 매 15~20분마다 약 150~200mL의 물을 마신다. 활동 후 30분 이내에 약 500mL의 물을 마시고 이후에도 체내 수분 상태를 확인하며 추가로 마신다. 활동량이 많거나 땀을 많이 흘리는 경우 물 섭취량을 늘리는 것이 필요하다. 체내 수분 상태는 오줌 색상으로 확인할 수 있는데 진한 노란색이면 수분이 부족한 상태이므로 물을 더 마셔야 한다. 오줌 색상이 투명 또는 엷은 노란색이면 수분 공급이 충분한 상태이다.

환경에 따른 수분 섭취

더운 날씨나 건조한 환경에서는 수분 섭취량을 늘려야 한다. 겨울철에도 난방으로 인해 건조해진 실내 환경에서 수분을 충분히 섭취해야 한다.

물은 우리 삶의 근본이자 몸과 마음에 생명을 불어넣는 가장 소중한 선물이다. 충분한 수분 섭취 효과는 갈증을 해소하는 것에 그치지 않는다. 우리의 신체 기능을 최적화하며 질병으로부터 우리를 보호하고 삶의 질을 향상하는 데 중요하다.

우리가 매일 마시는 물 한 잔, 그 작은 물방울 속에는 액체 이상의 의미가 담겨 있다. 그것은 우리 몸속 세포 하나하나에 생명을 불어넣고 지친 마음을 어루만지며 매일의 삶을 더 건강하고 충만하게 만들어 주는 원동력이다. 물의 중요성을 깨닫고 올바른 수분 섭취 습관을 만드는 것은 더 나은 삶으로 나아가는 첫걸음이다.

이제 물이 주는 건강과 아름다운 삶의 비밀을 마음 깊이 새기고 갈증 해소를 넘어 자신을 아끼고 사랑하는 마음을 담아 물 마시는 습관을 만들어 보자. 그 작은 실천이 쌓여 나의 삶은 더 건강하고 더 행복해질 수 있다. 물이 선사하는 이 귀한 선물은 인생을 아름답고 충만하게 만들어 준다.

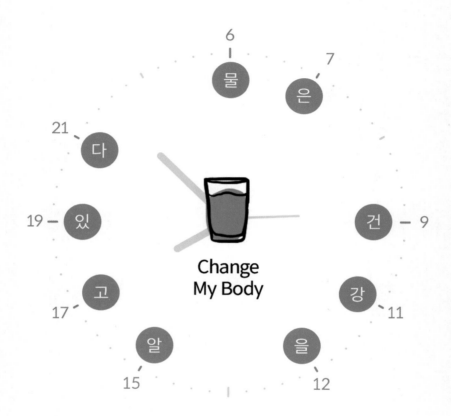

물을 마시는 시기는 아침에 일어나자마자,
식사하기 30분~1시간 전, 식사 중, 식사 후 2시간 지났을 때,
밤에 잠자리 들기 1시간 전 등 하루 8~9번 정도가 적당하다.

면역을 깨우는 데일리 리추얼

 우리 몸의 면역력은 외부에서 침입하는 병원균과 싸우는 방패와 같다. 면역 체계가 튼튼할 때 우리는 건강을 지키고 질병을 이겨낼 수 있다. 그러나 면역 체계가 무너지면 우리는 병에 걸리고 고통 속에 시달리게 된다. 이처럼 중요한 면역력을 지키는 데 있어서 체내 수분 균형은 그 무엇보다도 핵심적인 역할을 한다.

 물은 단순히 갈증을 해소하는 것이 아니라 우리 몸의 모든 기능을 원활하게 유지하는 생명의 원천이다. 세포 안팎으로 물질이 이동하고 신진대사가 활발하게 이루어지며 체온이 적절히 조절되고 노폐물이 배출되는 모든 과정에 물은 필수이다.

 만약 체내 수분 균형이 깨지면 탈수 상태에 빠지거나 과다한 수분 상태가 되어 다양한 건강 문제를 일으킨다. 특히 면역력을 강화하는 데 있어서 적절한 수분 섭취는 필수적이다. 적절한 수분 섭취는 우리 몸의 방어력을 높인다.

그러므로 면역력을 강화하고 건강한 삶을 영위하기 위해 우리는 물의 중요성을 다시금 되새기고 체내 수분 균형을 잘 유지해야 한다. 건강한 삶을 위한 첫걸음은 바로 그 한 잔의 물에서 시작된다.

❻ 체내 수분 균형 유지 방법

충분한 수분 섭취

하루에 적절한 양의 물을 마셔야 한다. 본인의 체중에 따라 하루에 2~3 리터(체중 1kg당 물 33mL)의 물을 섭취한다. 이는 개인의 신체 상태, 활동 수준, 기후 등에 따라 달라진다. 규칙적으로 물을 마셔 체내 수분 균형을 유지하는 것은 매우 중요하다.

균형 잡힌 식단

수분이 많은 과일과 채소를 섭취하는 것이 좋다. 오이, 수박, 오렌지, 토마토 등의 과일과 채소는 높은 수분 함량을 가지고 있어 체내 수분 균형을 유지하는 데 도움을 준다.

적절한 염분 섭취

염분은 체내 수분 균형을 유지하는 데 중요하다. 세계보건기구(WHO)는 하루 염분 섭취량을 5g(소금 약 1티스푼) 이하로 권장하고 있다. 과도한 염분 섭취는 고혈압, 심장병 등의 위험을 증가시킬 수 있으므로 적절한 양을 섭취한다. 물을 충분히 마시면 염분이 체내에서 희석되어 배출된다.

알코올과 카페인 조절

알코올과 카페인은 이뇨 작용을 촉진하여 체내 수분을 배출시킨다. 과도한 섭취는 탈수를 초래하므로 적당히 섭취해야 한다. 알코올과 카페인을 섭취한 후에는 반드시 물을 충분히 마셔야 한다.

규칙적인 운동

운동은 체내 순환을 촉진하고 신진대사를 활성화한다. 운동 중 땀을 많이 흘리게 되므로 운동 전후로 충분한 수분을 섭취하여 체내 수분 균형을 유지해야 한다. 그렇지 않으면 운동 중에 배출된 수분으로 인해 오히려 건강을 해치게 된다.

✔ 수분 균형과 면역력 강화

체내 수분 균형은 면역 시스템의 기능에 직접적인 영향을 미치게 된다. 면역 시스템은 외부로부터 몸을 보호하고 질병과 싸우는 중요한 역할을 한다. 수분이 충분히 공급되면 면역 세포의 활동이 최적화되고 감염에 대한 저항력이 강화된다. 수분 균형이 면역력 강화에 중요한 이유는 다음과 같다.

면역 세포의 기능 최적화

체내 수분이 충분하면 면역 세포의 이동과 활동이 원활하게 이루어진다. 림프구, 대식세포 등 면역 세포들은 체액을 통해 이동하며 감염 부위로 신속하게 이동하여 병원체를 공격한다. 그러나 수분 부족 시 이들의 이동이 저하되어 면역 반응이 늦어진다.

독소와 노폐물 배출

수분은 신장을 통해 노폐물과 독소를 배출한다. 충분한 물 섭취는 소변을 통해 체내 독소를 효과적으로 제거하여 몸의 해독 과정을 지원한다. 이는 면역 시스템의 부담을 줄이고 면역력을 강화한다.

점막 건강 유지

체내 수분이 충분하면 호흡기, 소화기, 비뇨기 등의 점막이 촉촉하게 유지된다. 점막은 병원체의 첫 번째 방어선으로 작용하여 외부 병원균의 침입을 막는다. 점막이 건조해지면 병원체가 쉽게 침입할 수 있어 감염의 위험이 커진다.

영양소 운반과 흡수

물은 영양소의 소화와 흡수 그리고 세포로의 운반을 돕는다. 영양소가 원활하게 공급되면 면역 세포의 기능이 최적화되어 면역력이 강화된다. 특히 비타민 C, 비타민 D, 아연 등 면역력 강화에 중요한 영양소의 흡수는 충분한 수분 섭취 때문에 촉진된다.

체내 수분 균형은 건강과 면역력을 강화하는 데 있어 없어서는 안 될 필수적인 요소이다. 충분한 수분 섭취는 우리의 신체 기능을 최적의 상태로 유지해 주고 면역 시스템의 효율을 극대화하여 질병과 감염으로부터 우리를 보호해 준다.

일상에서 올바른 수분 섭취 습관을 기르고 건강한 식단과 규칙적인 운동을 병행하는 것은 더 건강하고 면역력이 강한 삶을 사는 데 중요한 열쇠이다. 물은 갈증을 해소하는 것을 넘어 우리 몸의 모든 시스템을 지탱하는 생명의 원천이기 때문이다.

물 한 잔의 가치는 우리가 생각하는 것보다 훨씬 크다. 그 작은 실천이 쌓여 우리의 몸을 지키고 건강한 삶을 이어간다. 매일 물 한 잔으로 시작하는 작은 변화가 나의 삶을 더 건강하게 만들어 준다. 면역력 강화를 위한 이 소중한 비밀을 가슴에 새기며 수분으로 면역을 깨우는 데일리 리추얼(ritual)로 더 건강한 내일을 살아갈 수 있다.

정화의 마법, 물의 힘을 느껴라

내 몸은 매일같이 수많은 독소와 싸우고 있다. 내가 먹는 음식, 마시는 음료, 호흡하는 공기 속에도 보이지 않는 독소들이 존재한다. 심지어 우리의 신체가 스스로 생성하는 대사 산물조차도 적절하게 처리되지 않으면 독소로 변한다. 이러한 독소들이 몸에 쌓이면 우리는 피로감, 소화 불량, 면역력 저하 등 다양한 건강 문제에 직면할 수밖에 없다.

하지만, 우리 몸에는 놀라운 정화 시스템이 갖추어져 있다. 이 시스템이 원활하게 작동하려면 충분한 물과 적절한 영양 공급이 필수적이다. 특히 물은 독소 제거 과정에서 가장 중요한 요소로 체내 노폐물과 독소를 효과적으로 배출하고 몸을 최적의 상태로 유지하는 데 필수적이다. 물 한 잔은 우리의 몸을 정화하고 활력을 불어넣으며 삶의 질을 향상한다.

우리가 섭취하는 다양한 영양소가 몸에서 어떻게 대사되고 어떤 노폐물을 생성하게 될까?

　그리고 이들을 깨끗하게 배출하여 몸과 마음을 정화하는 데 물이 얼마나 중요한 역할을 할까? 물을 통해 몸과 마음이 맑아지는 과정을 이해하면 더 건강하고 활기찬 삶을 누릴 수 있다. 독소 제거는 내 몸에서 독소를 제거하여 건강을 유지하고 최적의 상태를 유지하는 것이다. 몸의 필수 영양소는 탄수화물, 단백질, 지방, 비타민, 미네랄, 물 등이다. 이 중에서 탄수화물, 단백질, 지방 등의 영양소는 몸 안에서 대사 후 여러 가지 노폐물이 생기게 된다. 영양소별로 주요 식품과 역할 그리고 발생하는 노폐물의 배출 과정, 자연이 빚은 물의 치유력 등을 살펴보자.

✔ 에너지 영양소와 노폐물

탄수화물

주요 식품은 곡물(쌀, 밀, 옥수수), 과일, 채소, 콩류, 감자 등이고 신체의 주요 에너지원으로 사용된다. 특히 뇌와 근육 활동에 중요하다. 탄수화물 대사 후 생기는 노폐물은 이산화탄소(CO_2), 물(H_2O), 젖산(Lactic Acid) 등이다.

탄수화물은 분해되어 포도당으로 전환되고 이 포도당은 세포 호흡 과정에서 에너지를 생성하면서 이산화탄소와 물로 분해된다. 이산화탄소는 혈액을 통해 폐로 운반되어 호흡을 통해 배출된다. 물은 체내 수분 균형을 유지하는 데 사용되거나 소변, 땀 등으로 배출된다. 젖산은 무산소 상태에서 포도당이 분해될 때 주로 근육에서 발생하는데, 간에서 다시 포도당으로 전환되거나 혈류를 통해 배출된다.

단백질

주요 식품은 육류, 생선, 달걀, 유제품, 콩류, 견과류, 씨앗 등이고 근육, 장기, 효소, 호르몬, 항체 등의 구조와 기능을 유지한다. 단백질은 신체 조직의 다양한 생리적 기능을 수행하는 데 필요한 영양소이다. 단백질 대사 후 생기는 노폐물은 암모니아(NH_3), 요소(Urea), 크레아티닌(Creatinine), 요산(Uric Acid) 등이다.

단백질은 아미노산으로 분해되고 아미노산의 탈아미노화 과정에서 암모니아가 생성된다. 암모니아는 독성이 있어 간에서 요소로 전환된다. 요소는 혈액을 통해 신장으로 운반된 후 소변으로 배출된다. 크레아티닌은 근육 대사 과정에서 생성되는 노폐물로 신장을 통해 소변으로 배출되고 혈중 크레아티닌 수치는 신장 기능의 지표로 사용된다. 요산은 단백질의 푸린 대사 과정에서 생성되는 노폐물로 신장을 통해 소변으로 배출된다. 요산 수치가 높으면 통풍 등의 건강 문제가 발생한다.

지방

지방은 불포화지방, 포화지방, 트랜스 지방 등으로 나눈다. 불포화지방의 주요 식품은 기름(올리브유, 코코넛유), 견과류, 씨앗, 아보카도, 생선(오메가3 지방산 함유) 등이다. 포화지방의 주요 식품은 붉은 고기(소고기, 돼지고기, 양고기), 가금류의 껍질, 버터, 치즈, 크림, 코코넛유, 팜유, 돼지기름 등이다. 트랜스 지방은 마가린, 쇼트닝, 일부 가공식품(쿠키, 크래커, 도넛, 케이크, 패스트푸드 등)인데 트랜스 지방은 건강에 해로운 지방이므로 가능한 섭취를 피해야 한다.

지방 대사 후 생기는 노폐물은 이산화탄소, 물, 케톤체(Ketone Bodies) 등이다. 케톤체는 지방이 에너지원으로 사용될 때 간에서 생성되는 노폐물로 케톤체는 에너지 부족 상태에서 특히 많이 생성된다. 과도한 케톤체는 소변을 통해 배출되거나 혈액에 축적되어 케톤산증을 유발한다.

✔ 독소 제거의 주요 과정과 물의 역할

몸에 필요한 영양소를 섭취한 후 발생하는 노폐물은 신체 밖으로 배출되어야 하는데 물은 이러한 독소 제거 과정에서 중요한 역할을 한다. 인체는 자연적으로 독소를 배출하는 능력이 있지만 충분한 수분 섭취가 이를 돕고 촉진한다. 물을 통한 독소 제거는 신체의 여러 시스템이 원활하게 작동되도록 하며 건강을 유지하는 데 꼭 필요하다. 독소 제거의 주요 과정과 물의 역할은 다음과 같다.

신장 기능과 소변 배출

신장은 체내 노폐물과 독소를 걸러내는 중요한 기관이다. 신장은 혈액을 여과하여 노폐물과 과잉 물질을 소변으로 배출한다. 충분한 수분 섭취는 신장의 여과 기능을 최적화하고 소변을 통해 효과적으로 독소를 배출하게 한다. 수분이 부족하면 소변이 농축되고 신장 결석 등의 문제가 발생한다.

간 기능과 해독 과정

간은 체내 주요 해독 기관으로 각종 독소와 화학 물질을 해독한다. 간은 독소를 수용성 물질로 변환하여 체내에서 쉽게 배출되도록 한다. 충분한 물 섭취는 간 기능을 지원하고 독소를 효과적으로 해독한다. 그리고 물은 담즙의 생산을 촉진하여 소화와 해독 과정을 지원한다.

림프계와 독소 제거

림프계는 체내의 림프액을 통해 노폐물과 독소를 운반하고 배출하는 시스템이다. 림프액의 원활한 흐름은 면역 시스템을 강화하고 염증을 줄이며 체내 독소를 제거한다. 충분한 수분 섭취는 림프액의 흐름을 원활하게 하고 림프계의 기능을 최적화한다.

피부와 땀을 통한 배출

피부는 체내 독소를 땀으로 배출하는 중요한 기관이다. 물은 체온 조절을 위해 땀을 생성하고 이를 통해 독소를 배출한다. 충분한 수분 섭취는 땀샘의 기능을 원활하게 하고 피부를 통해 효과적으로 독소를 제거할 수 있게끔 한다.

🍂 자연이 빚은 물의 치유력

창세기 1장을 펼치면 천지창조의 경이로운 이야기가 시작된다. 그중에서도 둘째 날, 하늘과 땅이 나뉘기 전에 창조된 것이 바로 물이다. 물은 그 어떤 생명보다도 먼저 지구에 존재했고 모든 생명의 시작을 품은 자원이다. 인간은 여섯 번째 날에야 창조된 것을 생각해 보면 물은 우리 삶과 건강의 근본을 이루는 자연의 진정한 선물임을 깨닫게 된다.

물은 특정 질환을 치료하는 약은 아니지만 몸이 건강해지도록 도와주는 작용을 하는 천연 치료제 역할을 하고 자연 치유의 힘을 선사한다.

알칼리이온수의 자연 치유력

한국 식품의약품안전처에 따르면 pH 8.5~10.0의 알칼리이온수는 만성 설사, 소화 불량, 위장 내 이상 발효, 위산 과다 등 다양한 위장 증상 완화에 도움을 준다. 필자는 과거 삼성전자에 재직할 때 오랜 기간 만성 설사, 소화 불량 등이 발생해 병원에서 처방받은 약을 먹었었지만 치료되지 않았는데 알칼리이온수를 마신 후 치유되었다. 위장 질환, 만성 두통, 피부 건조 등 다양한 치유 사례를 담은 저서 『물은 건강을 알고 있다』를 출간한 바 있으므로 일독을 권장한다. 알칼리이온수는 '미네랄메이커 워터보틀'로 언제, 어디서, 누구나 간단히 만들어 마실 수 있으며, 이는 휴대용이므로 편리하게 쓸 수 있다.

고혈당이 주는 해로운 영향으로부터 몸을 보호하는 물

한국 통계청 자료에 따르면 당뇨병 환자는 매년 꾸준히 증가하고 있다. 2012년 당뇨병 유병률은 10.8%였지만, 2022년에는 11.3%로 증가했다. 특히 30세 이상 성인 중 남성은 16.9%로 나타났으며, 이는 다섯 명 중 한 명이 당뇨병을 앓고 있다는 뜻이다. 또한, 20~30대의 젊은 층에서도 당뇨병 환자가 빠르게 증가하는 추세이다.

필자가 개발한 미네랄메이커 미니 워터보틀이 생성한 '마그네슘 알칼리이온 워터(MARW)'는 고혈당에도 도움이 된다. 마그네슘 알칼리이온 워터가 고혈당에 오염된 신장 세포에 미치는 효과에 대한 실험을 연세대학교 원주의과대학 연구팀과 진행했다.

건강한 신장 세포를 제2형 당뇨 환자와 같은 상태의 조건을 만들기 위해 71.68mM의 고혈당을 주입하여 24시간 동안 산화스트레스를 유도하였고, 정상 대조군(NC), 고혈당 단독유도(HG 단독), 고혈당 유도+수돗물

(HG+TW), 고혈당 유도+생수(HG+MW), 고혈당 유도+미네랄메이커 워터(HG+MARW)를 처리한 5가지 그룹으로 나누었다.

실험 진행은 신장 세포 생존율 측정, 세포 내 효소 연결 면역 흡착 분석(ELISA), 산화스트레스(OS) 분석, 항산화 효소 활성 측정, 인간 HGF(Hepatocyte Growth Factor) 수준의 평가, 포도당 흡수 분석의 평가, 웨스턴 블록 분석, 사이토카인 분석 등을 실시했다.

실험 결과 미네랄메이커가 생성한 마그네슘 알칼리이온 워터(MARW)는 "항산화 방어를 안정화하고 대사, 세포 사멸 및 섬유증과 관련된 연쇄 신호 전달을 통해 고혈당의 해로운 영향으로부터 신장 세포를 보호한다."라는 결론이 도출되었다. 이 연구 논문은 SCIE 국제학술지 MDPI processes에 등재되었고 우수 논문으로 인용되고 있다.

우리는 삶을 살아가며 수많은 선택을 마주하게 된다. 그중에서도 어떤 물을 마실 것인가는 우리의 건강과 직결된 가장 중요한 선택 중 하나이다. 고혈당으로 인한 신장 세포의 손상에서부터 시작하여 몸속 깊이 쌓여가는 독소들을 정화하는 과정까지 물은 우리 몸이 건강하고 활기차게 유지될 수 있도록 돕는 본질적인 역할을 한다.

마그네슘 알칼리이온 워터와 같이 건강에 좋은 물은 단순한 음료가 아니다. 그것은 우리가 매일 마시는 한 잔 한 잔이 내 몸의 세포들을 지키고 장기들을 보호하며 더 나아가 나의 생명을 연장하는 데 기여하는 신비로운 힘을 지닌 선물이다.

  물의 선택은 단순히 갈증을 해소하는 것이 아니다. 그것은 우리가 더 나은 내일을 위해 오늘을 준비하는 방법이다. 마시는 물이 몸속에서 어떻게 작용하고 우리를 어떻게 보호하는지를 이해할 때 우리는 더 건강하고 풍요로운 삶을 누릴 수 있다. 물을 통한 독소 제거는 단지 건강을 위한 선택이 아니라 우리의 삶을 새롭게 하고 내면의 활력을 되찾아 주는 출발점이다.
  건강을 위한 첫걸음을 걸을 때 마시는 물의 힘을 느껴야 한다. 우리의 몸은 내가 선택한 물에 따라 더 맑고 강해질 것이며 그 결과로 나의 삶 역시 더욱 풍요로워진다. 물이 곧 건강의 시작이자 완성이다. 오늘 한 잔의 물은 정화의 마법을 통해 내일의 건강을 결정한다.

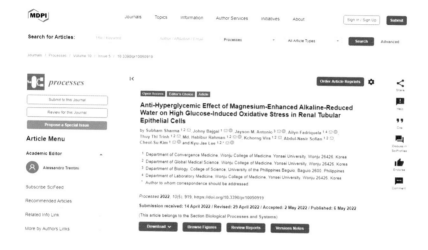

미네랄메이커가 생성한 마그네슘 알칼리이온 워터(MARW)는
"항산화 방어를 안정화하고 대사, 세포 사멸 및 섬유증과 관련된
연쇄 신호 전달을 통해 고혈당의 해로운 영향으로부터
신장 세포를 보호한다."라는 결론이 도출되었다.

「SCIE 국제학술지 MDPI processes 링크 https://www.mdpi.com/2227-9717/10/5/919」

맑은 물로 활기찬 아침을 열어라

산속의 맑은 계곡물 소리를 들으면 우리는 본능적으로 평온함을 느낀다. 물은 몸을 적셔주는 역할을 넘어서 마음의 고요를 찾아주는 자연의 선물이다. 물은 몸의 모든 세포와 시스템에 필수적이라는 사실은 익히 알려졌지만, 정신적 안정과 심리적 웰빙에도 깊은 영향을 미치고 있는 것은 잘 모르고 있다.

지금 바쁜 일상에서 우리는 자주 피로감에 시달리고 두통과 집중력 저하를 경험하며 때로는 이유 없이 불안해지기도 한다. 이러한 증상 중 많은 부분이 수분 부족에서 비롯된다는 사실을 아는 사람은 많지 않다. 물을 충분히 섭취하지 않으면 우리의 몸은 물론 마음마저도 지쳐가기 마련이다. 반대로 미네랄이 적절히 들어있는 깨끗한 물을 충분히 마시는 것은 육체적 건강을 넘어서 정신적 안정감과 심리적 평화를 찾아주는 열쇠가 된다.

우리가 마시는 물 한 잔이 마음의 짐을 덜어주고 스트레스를 녹여주며 하루하루의 삶을 더욱 평온하게 만들어 준다는 사실은 놀랍다. 물은 육체를 정화하는 동시에 내면의 긴장을 풀어주고 정신을 맑게 해주는 역할을 한다. 물이 어떻게 우리의 정신적 안정감에 이바지하고 마음의 평안을 찾는 데 어떤 중요한 역할을 하는지 살펴보자.

✎ 깨끗한 물이 정신적 안정감에 미치는 긍정적 영향

뇌 기능 향상

뇌는 75~80%가 물로 구성되어 있으며 충분한 수분 섭취는 뇌 기능을 최적화하는 데 필요하다. 물은 뇌세포 간의 전기적 신호 전달을 원활하게 하고 뇌 기능을 최적화한다. 의학 박사들의 물 연구에 따르면 탈수 상태에서는 기억력, 집중력, 주의력이 저하될 수 있다. 반면 충분한 수분 섭취는 이러한 기능을 향상시켜 정신적 명료함을 유지할 수 있게 해준다.

스트레스 감소

탈수는 신체적 스트레스를 유발하고 이는 정신적 스트레스로 이어진다. 물을 충분히 마시면 체내 스트레스 호르몬인 코르티솔 수치를 낮춘다. 코르티솔 수치가 낮아지면 긴장감이 줄어들고 스트레스 수준이 감소하여 더 평온한 상태를 유지할 수 있다.

기분 개선

많은 연구에 따르면 수분 부족은 피로와 혼란, 우울감 등을 유발할 수 있지만 충분한 수분 섭취는 기분을 개선하고 활력을 증진한다. 물은 신체의 신경전달 물질의 균형을 유지하고 기분 조절을 돕는다.

에너지 수준 유지

충분한 수분 섭취는 체내 에너지 수준을 유지한다. 탈수 상태에서는 피로감이 증가하고 이는 정신적 피로와 무기력감으로 이어진다. 물을 충분히 마시면 신체의 에너지 수준이 유지되고 이는 정신적 활력을 증진한다.

수면의 질 향상

수면의 질은 정신적 안정감과 직결된다. 수분 균형이 잘 유지되면 수면의 질이 향상된다. 물은 체온 조절을 도와 숙면을 유도하며 수면 중에도 체내 수분 균형을 유지한다. 충분한 수분 섭취는 밤중에 갈증으로 깨어나는 것을 방지하고 더 깊고 안정적인 잠을 잘 수 있게 한다. 미네랄메이커 워터보틀이 생성한 마그네슘 알칼리이온 워터를 마시고 있는 고객 중에 물을 충분히 마시기 시작하면서 잠을 깊이 자게 되었다는 제품 사용 후기를 전해오는 이도 있었다.

𝌆 깨끗한 물의 중요성

깨끗한 물은 물 자체의 이점 외에도 오염 물질이 없는 안전한 수분 섭취를 보장한다. WHO(세계보건기구)와 유니세프의 공동 모니터링 프로그램(Joint Monitoring Programme, JMP)에 따르면 깨끗한 물은 많은 질병을 예방할 수 있다. 이와 반대로 오염된 물은 각종 질병을 유발할 수 있으며 이는 신체적 및 정신적 스트레스를 증가시킨다. 깨끗한 물은 질병 예방과 정신적 안정감을 유지한다.

질병 예방

깨끗한 물은 수인성 질병을 예방한다. 오염된 물에는 세균, 바이러스, 기생충 등이 포함되어 있어 설사, 콜레라, 장티푸스 등 다양한 질병을 유발한다. 이러한 질병은 신체적 고통뿐만 아니라 정신적 스트레스를 유발한다. 깨끗한 물을 섭취함으로써 이러한 위험을 줄이고 정신적 안정을 유지할 수 있다.

신체적 스트레스 감소

오염된 물을 섭취하면 신체적 스트레스가 증가한다. 이는 면역 시스템의 부담을 증가시키고 체내 염증 반응을 유발한다. 깨끗한 물은 이러한 위험을 줄이고 신체의 부담을 감소시켜 정신적 안정감을 유지한다.

일상생활에서 깨끗한 물 섭취 방법

정수된 물 사용

가정에서는 정수기를 사용하여 깨끗한 물을 확보하는 것이 필요하다. 정수기는 수도배관의 불순물을 제거하고 수돗물의 이물질과 염소 성분을 제거하여 안전하게 마실 수 있는 물을 제공한다.

야외 활동 시 안전한 물 사용

야외 활동 시에는 휴대용 물병을 사용하면 물을 안전하게 마실 수 있다. 다만 여름철과 무더운 날씨에서는 세균이 증식될 수 있으므로 주의해야 한다. 미네랄메이커 워터보틀이 생성한 마그네슘 알칼리이온 워터는 세균 증식을 억제하므로 언제, 어디에서나 안전한 물을 마실 수 있어서 편리하다.

안전한 물 저장

물을 저장할 때는 깨끗한 용기를 사용하고 밀폐하여 보관해야 한다. 이는 저장 중 오염을 방지하고 안전한 물을 유지할 수 있다.

의심스러운 물은 피하기

출처가 불확실하거나 의심스러운 물은 마시지 않는다. 외출 시에는 항상 안전한 물을 휴대하거나 신뢰할 수 있는 출처의 물을 섭취한다.

미네랄이 적절히 포함된 깨끗한 물은 갈증만을 해소하는 것이 아니라 우리의 마음과 정신을 돌보는 자연의 가장 순수한 선물이다. 물 한 모금이 우리 몸속을 흐를 때 그것은 육체뿐만 아니라 정신에도 깊은 안정을 가져다준다. 충분한 수분 섭취는 뇌의 모든 기능을 최적화하며 하루의 스트레스를 녹여주고 우리에게 잃어버린 평온을 되찾아 준다.

우리가 마시는 깨끗한 물은 신경계의 균형을 맞추고 불안을 가라앉히며 마음을 부드럽게 어루만져준다. 물은 우리에게 에너지를 불어넣고 맑은 생각과 밝은 기분을 선사한다. 이처럼 중요한 물이야말로 정신적 건강을 유지하는 데 없어서는 안 될 필수적인 요소이다.

특히 미네랄이 풍부한 깨끗한 물을 선택하는 것은 우리에게 더 큰 힘을 실어준다. 이 물은 생명력을 유지하는 것을 넘어서 우리의 정신적 안녕을 위한 동반자가 되어준다.

우리는 매일 아침 맑은 물로 활기찬 아침을 열어야 한다. 매일 선택하는 물 한 잔이 마음의 평화와 전반적인 정신 건강을 지키는 작은 시작이다. 깨끗한 물의 가치를 깨닫고 그 물이 전해주는 깊은 안정을 온전히 누려보자. 물 한 잔이 전하는 감동은 우리의 삶을 더 풍요롭고 빛나게 만들어 준다.

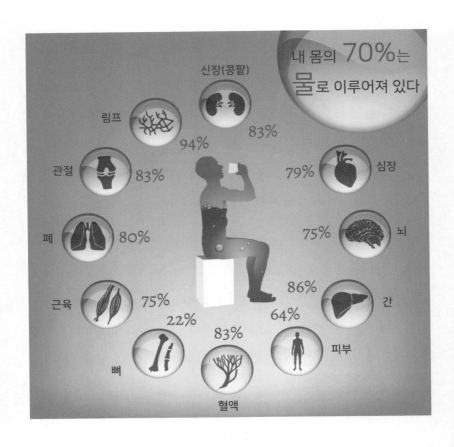

내 몸의 70%는 물로 이루어져 있다

신장(콩팥) 83%

림프 94%

관절 83%

폐 80%

심장 79%

뇌 75%

근육 75%

간 86%

뼈 22%

혈액 83%

피부 64%

바쁜 일상에서 우리는 자주 피로감에 시달리고 두통과
집중력 저하를 경험하며 때로는 이유 없이 불안해지기도 한다.
이러한 증상 중 많은 부분이 수분 부족에서 비롯된다는 사실을
아는 사람은 많지 않다.

카페 창업, 성공을 부르는 물의 비밀

한국에는 10만여 개의 카페가 운영되고 있으며 매일 20~30개의 카페가 문을 닫고 또 연다는 신문 기사를 보았다. 이 치열한 경쟁 속에서 살아남기 위해선, 창업자에게 무엇보다도 철저한 준비와 전략이 필요하다. 성공적인 창업을 위해 시장 조사, 상권 분석, 그리고 사업 계획서 작성 등은 필수적으로 거쳐야 할 단계이다.

시장 조사를 통해 프랜차이즈 카페와 개인 카페의 장단점을 파악하고, 상권 분석을 통해 예상 매출, 유동 인구, 임대료 등을 철저히 조사해야 한다. 그리고 사업 계획서를 작성하면서 마케팅 전략, 목표 고객층, 자금 조달 계획, 설비 투자 계획, 그리고 예상 손익을 분석하는 과정은 필수이다. 이러한 과정을 통해 비로소 성공적인 매장을 선택할 수 있다.

특히 설비 투자 계획에서는 커피 머신, 그라인더, 온수기, 제빙기, 정수 필터 등 기본 장비들에 대한 사전 지식이 필요하다. 설비 업체의 권유에

맹목적으로 따르지 않고 카페의 커피 맛을 높이기 위한 최소한의 투자를 신중하게 결정해야 한다. 이는 고객이 처음 방문하게 하는 것을 넘어 그들을 재방문하게 하는 원동력이 된다. 맛있는 커피는 고객 충성도를 높이며 이는 곧 카페 경영의 지속성을 보장하는 중요한 요소이다.

그러나 이 모든 과정을 준비하고 나서 창업자가 꼭 기억해야 할 한 가지가 있다. 그것은 바로 '물의 중요성'이다. 커피 성분의 98% 이상은 물로 이루어져 있다. 물은 커피 맛의 질을 결정짓는 핵심이고 카페의 성공과 직결된다. 아무리 훌륭한 원두와 커피 머신을 사용해도 물이 좋지 않다면 최상의 커피 맛을 낼 수 없다.

따라서 카페 창업을 계획할 때 물 품질을 최우선으로 고려해야 한다. 적절한 양의 미네랄이 들어있는 깨끗한 물은 커피의 맛을 풍부하고 완벽하게 만든다. 이 작은 요소가 창업하는 카페를 경쟁에서 돋보이게 하고 고객들에게 잊을 수 없는 커피 경험을 선사하게 된다.

물은 카페를 특별하게 만드는 숨겨진 비밀이며 성공의 밑바탕이다. 최고의 물을 선택하는 것은 카페가 오래도록 사랑받는 장소가 되기 위한 첫걸음이다. 이 중요한 결정을 통해 창업하는 카페는 고객들에게 완벽한 커피 한 잔을 제공할 수 있게 된다.

🫘 물의 품질이 커피 맛에 미치는 영향

물의 미네랄 함량

물속에 포함된 미네랄은 커피 맛에 큰 영향을 미친다. 칼슘과 마그네슘 같은 미네랄은 커피의 풍미와 바디감을 풍부하게 만든다. 그러나 미네랄 함량이 과도하면 커피가 쓴맛이나 금속 맛을 띌 수 있어 적절한 미네랄 균형을 유지하는 것이 중요하다.

이상적인 커피 맛을 위해 SCA(스페셜티커피협회)에서는 물의 알칼리니티를 40~70ppm으로 유지할 것을 권장하고 있다. 한국의 수돗물은 상대적으로 미네랄 함량이 낮은 연수 지역이 많아 커피 맛을 극대화하기 위해서는 물의 알칼리니티를 높여야 한다. 적절한 알칼리니티 수준을 유지함으로써 커피의 풍부한 맛과 균형을 더욱 돋보이게 할 수 있다. 이처럼 물의 미네랄은 완벽한 커피 한 잔을 만드는 핵심이다.

물의 경도

경도는 물에 녹아 있는 칼슘과 마그네슘의 양을 나타내며 커피 추출에 큰 영향을 준다. SCA(Specialty Coffee Association)에서 커피 머신의 성능을 유지하고 최적의 커피 맛을 보장하기 위해 권장하는 물의 총 경도(Total Hardness)는 50~175ppm이다. 물의 경도가 175ppm 이상이면 커피 머신에 스케일을 형성하여 수명을 단축하게 한다. 반면 40ppm 이하는 커피 머신을 부식시키고 커피의 풍미를 제대로 추출하지 못한다.

물의 pH(수소이온농도) 수준

커피의 맛을 결정짓는 중요한 요소 중 하나는 바로 물의 pH, 즉 수소이온 농도이다. 물의 성질이 산성, 중성, 알칼리성 여부는 pH 수준에 따라 결정되고 이는 커피의 산미와 맛의 균형에 직접적인 영향을 미친다. 그간 커피 맛이 최적화되는 수소이온농도는 pH 6.0~8.0 사이로 알려져 왔다.

그러나 '미네랄메이커 필터'가 생성한 pH 8.0~9.0 수준의 알칼리성 물을 사용할 때 커피 맛이 더욱 부드럽고 풍미가 좋은 것을 확인했다. 이는 전국의 여러 카페에서 직접 테스트한 결과이고 원두 고유의 산미, 고소한 맛, 단맛이 더욱 선명하고 깔끔하게 살아나며 전반적으로 조화로운 맛을 연출했다. 이 새로운 발견은 커피 추출에 있어 물의 pH가 얼마나 중요한 역할을 하는지를 다시금 일깨워준다. 커피의 깊고 복합적인 풍미를 최대로 끌어내기 위해 물의 pH를 세심하게 조절해야 한다.

물의 청결도

물에 불순물이 포함되어 있으면 커피의 맛을 망칠 수 있고 특히 수돗물의 염소 성분은 커피 맛을 나쁘게 한다. 깨끗한 물은 원두 고유의 커피 맛을 보존하는 데 중요하므로 정수 필터 시스템을 통해 불순물을 제거하는 것이 필요하다.

🍵 카페에서의 물 관리 방법

정수 필터 시스템 설치

카페에서는 정수 필터 시스템을 설치하여 물의 품질을 일정하게 유지해야 한다. 정수 필터는 물속의 불순물, 염소, 바이러스, 박테리아 등을 제거하여 깨끗한 물을 제공한다. 이는 커피 맛을 일정하게 유지하고 커피 머신의 수명을 연장한다. 또한, 각 정수 필터의 기능을 올바르게 이해하고 선택하는 것이 중요하다. 정수 필터는 기능별로 카본 필터, 미네랄 필터, 스케일 억제 필터, 전처리 필터 등이 있다.

정기적인 물 테스트

정기적으로 물의 경도, 알칼리니티, 수소이온농도(pH) 등을 테스트하여 물의 품질을 관찰해야 한다. 이를 통해 문제가 발생하기 전에 조처할 수 있으며 일관된 커피 맛을 유지할 수 있다.

정수 필터 교체와 유지보수

정수 필터 시스템의 필터는 정기적으로 교체하고 시스템을 유지 보수해야 한다. 정수 필터 수명이 다하여 제 기능을 하지 못하면 물의 품질이 저하되고 커피 맛에 나쁜 영향을 미친다. 정수 필터에 부착된 제조사의 권장 주기를 따르거나 사용량에 따라 필터를 교체하는 것이 좋다.

물 저장과 공급 관리

물을 저장하고 공급하는 용기와 배관도 깨끗하게 유지해야 한다. 물탱크와 배관에 이물질이나 스케일이 쌓이면 물의 청결도와 품질이 나빠지게 된다. 정기적으로 청소하고 필요하면 전문가의 도움을 받아 관리한다.

카페를 창업할 때, 커피 머신이나 그라인더 같은 설비와 원두 선택은 흔히 관련 업체의 추천에 의존하게 된다. 그러나 대부분의 설비 업체는 물의 중요성을 간과하고 있으며 이에 따라 카페 운영에서 가장 중요한 물 관리가 소홀히 다뤄진다. 하지만 물은 커피의 맛을 결정짓는 숨은 주역이며 성공적인 카페 운영의 비밀이다.

물 품질은 커피 한 잔의 모든 요소에 영향을 미친다. 정수 필터 시스템의 설치와 정기적인 물 테스트, 필터 교체와 유지보수를 적절하게 해야 한다. 이것은 카페가 고객에게 제공하는 커피의 일관성과 품질을 보장하는 핵심이다. 창업 지역의 수질 특성을 정확히 파악하고 물의 온도와 커피 머신의 유지관리를 철저히 관리함으로써 고객에게 최고의 커피를 선사할 수 있다.

물의 중요성을 진정으로 이해하고 관리에 심혈을 기울이는 카페는 커피를 판매하는 곳을 넘어 차별화된 맛과 품질로 고객의 마음을 사로잡는 특별한 공간이 된다. 물이야말로 고객의 사랑을 지속해서 끌어내는 힘이자 성공적인 카페 운영의 숨은 비결이다. 카페를 창업할 때 물의 힘을 간과하지 않고 좋은 물을 선택한다면, 물의 진정한 가치가 발휘될 것이며, 고객은 그 진심을 느끼고 다시 찾아오게 될 것이다.

4차 산업 혁명 시대, 우리는 물의 4세대를 맞이하며 장수의 축복을 누리고 있다. 그러나 이 축복은 준비되지 않은 삶에서는 재앙이 될 수 있다. 건강하게 성숙해야 할 인생이 자칫 병들고 쇠약해질 위험이 있기 때문이다. 인체는 약 70%가 물로 이루어진 하나의 거대한 물탱크와 같다. 이 물탱크가 적절하게 충전되면, 영양소는 원활하게 이동하고, 노폐물과 독소는 효과적으로 배출되며, 신진대사는 활발하게 이루어져 면역 체계가 튼튼하게 작동하게 된다.

커피 또한 물과 밀접한 관계가 있다. 커피 한 잔의 98% 이상을 차지하는 물은 그 맛을 좌우하는 중요한 요소이다. 물속 미네랄은 커피 원두의 용해와 추출 과정에 큰 영향을 미치며, 이는 궁극적으로 커피의 풍미를 결정한다. 이제 우리는 단순히 물을 마시는 것이 아닌, 몸의 자연 치유력을 돕고 커피의 품질을 한층 더 끌어올리는 물의 4세대 마그네슘 알칼리이온 워터를 선택해야 할 때이다. 이 특별한 물은 건강과 미각 모두를 충족시키며, 장수의 축복을 온전히 누릴 수 있도록 도와준다.

2장
커피

일상 속의 특별한 동반자

"커피는 단순한 음료가 아니다. 그것은 마법과도 같으며

사람들을 모이게 하고 새로운 이야기를 창조하게 한다."

– Howard Schultz (스타벅스 전 CEO) –

커피의 매력을 만끽하라

커피는 이제 전 세계적으로 가장 사랑받는 음료로 자리 잡았다. 매일 아침 수백만 명의 사람들이 커피 한 잔으로 하루를 시작하며 그 따뜻한 위로를 즐긴다. 특히 한국에서는 추운 겨울에도 "얼죽아(얼어 죽어도 아이스아메리카노)"라는 표현이 생길 정도로 커피에 대한 열정이 뜨겁다. 어쩌면 이는 오랜 세월 숭늉을 즐겨왔던 한국인의 DNA가 커피의 고소한 맛에 자연스럽게 동화되었기 때문일지도 모른다.

하지만 커피의 매력은 단순히 그 맛에만 있는 것이 아니다. 커피는 우리의 일상에 깊숙이 스며들어 문화적, 사회적, 심리적인 여러 측면에서 큰 영향을 미치고 있다. 커피 한 잔은 우리에게 휴식을 주고 사람들과의 소통을 이어주며 때로는 마음의 여유와 창의력을 선사한다.

그렇다면 왜 우리는 이렇게 커피를 사랑하게 되었을까?

커피가 주는 다채로운 매력을 하나씩 살펴보면 그 이유를 쉽게 이해할 수 있다. 커피는 음료를 넘어 우리의 삶을 풍요롭게 하고 서로를 연결해 주는 특별한 존재임을 느낄 수 있다.

☕ 커피의 맛과 향

다양한 맛과 향

커피는 수많은 종류의 원두와 로스팅 방법에 따라 다양한 맛과 향을 지닌다. 과일 향, 초콜릿 향, 견과류 향 등 각기 다른 풍미를 경험할 수 있으며 이에 따라 사람들은 자신의 취향에 맞는 커피를 찾는 즐거움을 누릴 수 있다.

풍부한 향미

커피의 향미는 매우 복잡하고 다층적이다. 첫 모금에서 느껴지는 첫맛, 중간 맛, 끝 맛이 모두 다르게 느껴지며 이러한 복합적인 맛은 커피를 더욱 매력적으로 만든다. 각기 다른 향미가 조화를 이루어 독특한 커피 경험을 제공한다.

감각적 즐거움

커피는 단순히 마시는 음료가 아니라 시각, 후각, 미각을 모두 자극하는 감각적 즐거움을 제공한다. 에스프레소의 진한 크레마, 드립 커피의 맑은 색, 신선한 커피 향은 모두 커피를 더욱 특별하게 만든다.

🫘 커피의 문화적 의미

사회적 상징

커피는 사회적 상징으로 자리 잡았다. 커피숍은 사람들이 모여 대화하고 업무를 보며 휴식을 취하는 장소로서 중요한 역할을 한다. 커피를 함께 마시는 것은 사회적 유대감을 강화한다.

문화적 다양성

커피는 세계 각지의 다양한 문화와 결합하여 고유한 커피 문화를 형성하고 있다. 이탈리아의 에스프레소 바, 프랑스의 카페, 미국의 커피 가맹점 등 각기 다른 문화에서 커피는 문화를 나타내는 중요한 역할을 한다. 이러한 문화적 다양성은 커피를 더욱 흥미롭게 만든다.

의식과 전통

커피를 마시는 것은 단순한 음용을 넘어 일종의 의식이 될 수 있다. 아침에 커피를 마시며 하루를 시작하는 루틴, 특별한 날에 커피를 즐기는 전통 등은 개인과 공동체의 일상에 깊이 뿌리내려 있다.

🄯 커피의 심리적인 효과

각성 효과

커피의 주성분인 카페인은 중추신경계를 자극하여 졸음을 줄이고 집중력을 높이며 피로를 덜어준다. 이러한 각성 효과는 많은 사람이 아침이나 피곤할 때 커피를 찾는 주요 이유 중 하나이다.

기분 전환

커피는 기분을 좋게 하는 효과도 있다. 카페인은 도파민 분비를 촉진하여 기분을 좋게 만들고 스트레스를 줄인다. 커피 한 잔은 일상 속 작은 즐거움과 위안을 제공한다.

리추얼(ritual)의 중요성

커피를 준비하고 마시는 과정 자체가 일종의 의식 절차로 작용하여 심리적 안정감을 준다. 특히 아침에 커피를 마시는 습관은 하루를 시작하는 중요한 의식이 될 수 있으며 이는 정서적 안정과 심리적 준비를 돕는다.

🫘 커피와 건강

항산화 효과

커피에는 항산화 물질이 풍부하게 함유되어 있어 세포 손상을 줄이고 만성 질환의 위험을 감소시킨다. 이는 커피가 건강에 긍정적인 영향을 미치는 중요한 이유 중 하나이다.

심장 건강

적당한 커피 섭취는 심장 건강에 긍정적인 영향을 미친다. 연구에 따르면 커피는 혈액 순환을 개선하고 심혈관 질환의 위험을 줄인다.

신진대사 촉진

커피는 신진대사를 촉진하여 체중 관리에 도움을 준다. 카페인은 지방 분해를 촉진하고 에너지 소비를 증가시키는 효과가 있다.

커피는 전 세계적으로 사랑받는 문화적 아이콘이 되었다. 그 복합적인 맛과 향은 우리의 감각을 자극하고 한 모금의 커피는 일상에서 작은 즐거움과 위안을 준다. 또한, 커피는 사람들 간의 사회적 유대감을 형성하고 다양한 문화와 함께 어우러져 살아 숨 쉬는 특별한 경험을 제공한다.

커피의 매력은 그저 맛과 향에만 그치지 않는다. 커피는 심리적인 효과를 통해 우리의 마음을 차분하게 가라앉히고 활력을 불어넣으며 때로는 창의적인 영감을 불러일으키기도 한다. 더불어 건강에 미치는 긍정적인 영향은 커피를 일상의 필수 요소로 자리 잡게 한다. 이 모든 매력적인 특성들은 커피를 더욱 특별하게 만들며 사람들이 커피를 사랑하는 이유가 된다.

카페 경영자는 이러한 커피의 본질적인 매력을 이해하고 이를 고객에게 전달하는 것이 성공의 중요한 열쇠임을 알아야 한다. 커피 한 잔에 담긴 작은 기쁨과 깊은 유대감 그리고 문화적 의미를 고객들이 경험할 수 있도록 하는 것은 음료를 넘어선 특별한 순간을 제공하는 것이다. 커피가 주는 그 특별한 매력을 진정으로 이해하고 만끽할 수 있을 때 카페는 고객들의 삶에 깊이 스며드는 공간이 될 수 있다.

한 잔으로 여는 소통과 문화

카페는 커피를 마시는 공간을 넘어 사회적 교류와 문화적 경험의 중심지로 자리 잡았다. 전 세계 각지에서 다양한 형태로 존재하는 카페 문화는 그 지역만의 독특한 매력을 발산하며 사람들을 끌어들인다. 이 문화의 중심에 있는 한 잔의 맛있는 커피는 우리의 일상과 사회적, 문화적 경험을 더욱 풍부하게 만드는 중요한 역할을 한다.

커피 한 잔은 그저 음료가 아니라 사람들을 연결하고 대화를 나누며 새로운 아이디어를 공유하는 촉매제가 된다. 또한, 카페는 개인에게는 휴식과 여유를, 공동체에는 소통과 연대를 제공하는 공간이다. 이렇게 한잔의 커피가 우리 일상에 스며들어 카페는 현대인의 삶에서 빼놓을 수 없는 문화적 장소로 자리 잡았다.

카페에서 마주하는 맛있는 커피 한 잔은 우리의 삶과 경험을 더욱 깊고 풍요롭게 만들어 준다. 이처럼 커피와 함께하는 카페 문화는 일상 속 작은 행복을 제공하고 우리의 일상을 특별한 순간으로 변화시키는 힘을 가지고 있다.

☕ 카페의 사회적 역할

만남과 교류의 장소

카페는 친구, 가족, 동료들과 만남의 장소로 자주 선택된다. 편안한 분위기와 맛있는 커피 한 잔을 즐기며 대화하는 것은 사람들 간의 유대감을 강화하는 중요한 역할을 한다. 비즈니스 미팅, 친구와의 약속, 가족 모임 등 다양한 사회적 활동이 카페에서 이루어지고 있다.

개인의 휴식 공간

카페는 혼자서도 즐길 수 있는 공간으로 독서나 작업, 사색을 위한 장소로도 인기가 있다. 조용한 분위기에서 커피 한 잔을 마시며 개인 시간을 보내는 것은 많은 사람에게 중요한 휴식 시간이다.

공동체의 허브

지역 사회에서 카페는 공동체의 중심 역할을 한다. 주민들이 모여 소식을 교환하고 지역 이벤트가 열리며 문화적 교류가 이루어지는 장소의 기능을 한다. 카페는 커뮤니티의 허브로서 지역 사회의 결속력을 강화한다.

🔘 카페 문화의 다양성

글로벌 커피 문화

전 세계 지역마다 독특한 커피 문화가 존재한다. 각기 다른 문화에서 커피는 중요한 사회적, 문화적 역할을 한다. 이러한 글로벌 커피 문화는 카페를 더욱 다채롭고 흥미롭게 만든다.

로컬 카페의 특색

로컬 카페는 그 지역의 문화와 전통을 반영한다. 지역 특산물을 사용한 커피, 로컬 아티스트의 작품 전시, 지역 사회 이벤트 등 로컬 카페는 그 지역만의 독특한 매력을 가지고 있다. 이는 고객에게 특별한 경험을 제공하며 카페를 지역 문화의 중요한 일부로 만든다.

테마 카페와 콘셉트 카페

특정 주제나 콘셉트를 기반으로 한 카페도 인기를 끌고 있다. 예를 들어 반려견 카페, 책 카페, 보드게임 카페 등은 고객에게 특별한 경험을 제공한다. 이러한 카페는 단순한 커피 소비를 넘어 다양한 문화적 체험을 가능하게 한다.

🫘 맛있는 커피 한 잔의 중요성

품질과 맛

카페의 성공은 무엇보다도 커피의 품질과 맛에 달려 있다. 좋은 원두를 사용하고 적절한 로스팅과 적정한 물의 알칼리니티 등으로 추출 과정을 거쳐 만들어진 커피는 고객의 만족도를 높인다. 커피의 맛과 향은 카페의 이미지와 직결되며 재방문율을 결정짓는 중요한 요소이다.

바리스타의 기술

바리스타의 기술과 정성도 커피의 맛에 영향을 준다. 숙련된 바리스타는 원두의 특성을 잘 이해하고 최상의 커피를 추출할 수 있는 기술을 갖추고 있다. 또한, 고객에게 커피에 대한 지식과 정보를 제공하여 더 풍부한 커피 경험을 선사할 수 있다.

독특한 메뉴와 창의성

독특하고 창의적인 커피 메뉴는 고객의 관심을 끌고 카페의 매력을 높인다. 다양한 재료를 활용한 시그니처 음료, 계절별 특선 메뉴, 로컬 재료를 사용한 커피 등은 고객에게 색다른 경험을 제공한다. 이는 고객이 카페를 재방문하게 만든다.

🔹 카페의 문화적 경험

예술과 문화의 공간

많은 카페는 예술과 문화 활동의 중심지로서 역할을 한다. 지역 아티스트의 작품을 전시하거나, 음악 공연, 독서 모임 등을 개최하여 고객에게 풍부한 문화적 경험을 제공한다. 이러한 활동은 카페의 분위기를 더욱 특별하게 만들고 문화적 허브의 역할을 강화한다.

지식과 정보의 교류

카페는 다양한 지식과 정보가 교류되는 공간이기도 하다. 독서 모임, 강연, 워크숍 등이 자주 열리며 이를 통해 고객들은 새로운 지식과 정보를 얻을 수 있다. 이러한 활동은 카페를 음료 제공을 넘어 지식과 문화를 공유하는 공간으로 만든다.

커피 교육과 체험

커피의 역사, 원두의 종류, 로스팅과 추출 방법 등에 대한 교육 프로그램을 제공하는 카페도 있다. 이러한 프로그램은 고객에게 커피에 대한 깊은 이해를 제공하며 커피에 대한 애정을 더욱 높인다. 커피 체험 클래스, 커핑 세션 등은 고객에게 특별한 경험을 선사한다.

카페는 커피를 마시는 공간을 넘어 다양한 사회적·문화적 경험을 선사하는 특별한 소통과 문화의 장소이다. 맛있는 커피 한 잔은 이러한 경험의 중심에 있으며 고객 만족과 카페 성공을 결정짓는 핵심 요소이다.

지속 가능한 카페 경영은 커피의 품질과 바리스타의 기술 그리고 독창적인 메뉴와 창의성을 강조하여 고객에게 잊지 못할 커피 경험을 제공하는 것이 중요하다. 또한, 카페를 사회적 교류와 문화적 경험의 중심지로 만들기 위해 다양한 활동과 프로그램을 기획하는 것은 성공적인 카페 운영의 핵심 전략이 된다.

고객이 커피에 대해 풍부한 경험과 가치를 느낄 수 있는 공간을 만드는 것은 카페를 오래도록 사랑받는 장소로 자리매김하게 하는 비결이다.

향기로 일상의 행복을 느껴보자

우리는 언제 진정한 행복을 느끼는 걸까?

커피 향기는 우리 일상 속에 깊이 스며든 작은 행복의 원천이다. 아침에 커피 향기를 맡으며 시작하는 하루는 그 자체로 특별한 순간이 된다. 카페에서 퍼져 나오는 커피 향은 사람들 사이에 따뜻한 연결을 만들고 집안을 가득 채우는 그 향기는 우리에게 편안함과 안락함을 선사한다.

커피 향기는 마음을 따뜻하게 감싸며 지친 일상에 작은 쉼표를 남긴다. 그 향기를 맡는 순간 우리는 비로소 일상의 소소한 행복을 느끼고 그 순간이 주는 위안을 온전히 누릴 수 있다. 커피 향기는 단지 공기를 채우는 냄새가 아니라 우리에게 하루의 여유와 삶의 기쁨을 전해주는 소중한 선물이다.

♦ 커피 향기의 매력

감각적 자극

커피 원두의 다양한 아로마는 우리의 후각을 즐겁게 하며 각기 다른 향
의 조합은 감각적 즐거움을 선사한다. 신선한 원두에서 나는 풍부한 향
기는 특별한 감각적 경험을 제공한다. 커피 향기는 우리의 후각을 자극
하여 기분을 좋게 만든다.

심리적 안정감

커피 향기는 심리적 안정감을 준다. 많은 사람은 커피 향기를 맡으면 긴
장감이 풀리고 편안함을 느낀다. 이는 커피 향기가 우리의 뇌에 긍정적
인 신호를 보내어 스트레스를 줄이고 안정감을 주기 때문이다.

추억과 연결

커피 향기는 특정한 기억이나 추억과 연결되어 있을 때가 많다. 아침에
부모님이 커피를 준비하던 소리와 향기, 친구와 함께 즐겼던 카페의 향
기, 여행 중 방문했던 카페 또는 커피 농장의 향기 등은 향기를 통해 기
억 속에 저장된다. 이러한 추억은 커피 향기를 맡을 때마다 행복한 기억
을 떠올리게 한다.

커피 향기의 일상 속 행복

아침의 시작

아침에 커피 향기를 맡으며 하루를 시작하는 것은 많은 사람에게 특별한 의미가 있다. 커피메이커에서 퍼지는 신선한 커피 향기는 잠에서 깨어나는 과정을 부드럽게 만들어 주며 활기찬 하루를 시작하는 데 도움을 준다. 이는 아침의 루틴을 즐겁게 만들고 하루를 긍정적으로 시작하게 한다.

카페의 분위기

카페에 들어섰을 때 느껴지는 커피 향기는 그곳의 분위기를 특별하게 만든다. 커피 향기는 카페를 편안하고 따뜻한 공간으로 만들어 주고 사람들을 끌어들이는 매력이 있다. 이는 카페를 사회적 교류와 휴식의 장소로 만드는 중요한 역할을 한다.

집안의 따뜻함

집에서 커피를 내릴 때 집안을 가득 채우는 커피 향기는 집을 더욱 따뜻하고 아늑한 공간으로 만들어 준다. 커피 향기는 가족들과의 시간을 더욱 특별하게 만들어 주고 집 안에서 느낄 수 있는 소박한 행복을 제공한다.

🫘 커피 향기의 심리적 효과

기분 전환

커피 향기는 기분을 좋게 하고 활력을 불어넣는 효과가 있다. 카페인뿐
만 아니라 커피 향기 자체도 우리 뇌에 긍정적인 영향을 미쳐 피로를 줄
이고 집중력을 높인다. 이는 일상생활에서 기분 전환이 필요할 때 커피
향기를 통해 쉽게 달성할 수 있다.

스트레스 감소

커피 향기는 연구에 따르면 코르티솔 수치를 낮추어 스트레스를 감소시
키는 효과가 있다. 이는 긴장된 상황에서 커피 한 잔의 향기를 맡는 것
만으로도 심리적 안정을 찾을 수 있음을 의미한다.

편안한 수면 준비

비록 커피 자체는 각성 효과가 있지만, 커피 향기는 편안한 수면을 도와
준다. 특히 디카페인 커피는 저녁에 마셔도 부담 없이 즐길 수 있으며,
디카페인 커피의 향기를 통해서도 하루의 피로를 풀고 편안한 상태에서
잠들 수 있다.

커피 향기는 맛있는 음료를 예고하는 것 이상으로 우리의 일상을 풍요

롭게 만든다. 그 향기는 우리의 감각을 자극하며 기분을 좋게 하고 심리적 안정감을 준다. 또한, 커피 향기는 추억 속의 행복한 순간들을 떠올리게 하며 마음 깊은 곳에 따스한 기억을 불러일으킨다.

일상에서 커피 향기를 즐기는 다양한 방법을 통해 우리는 더 많은 행복과 만족을 누릴 수 있다. 아침을 여는 커피 한 잔에서 카페에서 풍겨오는 커피 향기까지, 이 작은 기쁨들은 우리의 하루를 특별하게 만들어 준다.

카페 경영에 있어서 커피 향기의 중요성을 깊이 이해하고 이를 통해 고객에게 잊을 수 없는 경험을 제공하는 것은 성공의 핵심이다. 커피 향기는 단순한 향기가 아니라 고객에게 특별한 순간을 선물하는 힘을 지니고 있다. 이 향기를 통해 카페는 사람들에게 매일의 작은 행복을 전하는 장소가 된다.

진짜 커피 맛을 완성하라

　현재 전 세계 시장점유율 1위를 자랑하는 프랜차이즈 커피는 과연 진정으로 최고의 커피 맛을 대표할 수 있을까?

　최고의 커피 맛을 추구하는 여정은 좋은 원두를 사용하는 것만으로는 절대로 완성되지 않는다. 진정한 커피의 깊은 맛과 향을 끌어내기 위해서는 단계마다 세심한 관리와 탁월한 기술이 필요하다. 원두의 선택에서부터 로스팅, 물의 알칼리니티 조절, 커피 추출 과정 등 커피 한 잔이 완성되기까지 모든 과정은 정성과 전문성을 요구한다. 이 모든 요소가 조화를 이루어야만 비로소 커피 한 잔이 그 진가를 발휘할 수 있다.

　최고의 커피 맛을 만드는 비결은 기술 이상의 것이다. 그것은 커피에 대한 깊은 이해와 열정 그리고 매 순간 최상의 결과를 끌어내려는 꾸준한 노력에서 비롯된다. 이제부터 이 비밀스러운 과정들을 통해 진정한 커피의 예술이 어떻게 완성되는지 그 비결을 살펴보자.

🫘 원두 선택

품종 선택

커피의 품종은 아라비카와 로부스타 두 가지로 나뉜다. 아라비카는 향미가 풍부하고 신맛이 강하지만 로부스타는 쓴맛이 강하고 카페인 함량이 높다. 아라비카 원두는 고급 커피에 주로 사용되며 로부스타는 에스프레소 블렌드나 인스턴트커피에 사용된다. 자신이 선호하는 커피 맛에 따라 적절한 품종을 선택한다.

재배 지역

커피 원두의 재배 지역에 따라 맛과 향이 크게 달라진다. 에티오피아 커피는 과일 향이 풍부하고 브라질 커피는 견과류와 초콜릿 향이 강하다. 다양한 지역의 원두를 시도해 보고 자신의 취향에 맞는 지역을 찾는다.

신선도

커피 원두의 신선도는 맛에 큰 영향을 준다. 신선한 원두는 풍미가 풍부하고 향이 강하며 오래된 원두는 맛이 탁해지고 향이 약해진다. 원두는 로스팅 후 2주 이내에 소비하는 것이 가장 좋으며 원두를 구매할 때는 로스팅 날짜를 확인한다.

🔵 로스팅

로스팅 수준

로스팅 수준에 따라 커피의 맛이 달라진다. 라이트 로스트는 신맛이 강하고 원두의 고유한 맛이 잘 살아난다. 미디엄 로스트는 균형 잡힌 맛과 향을 가지며, 다크 로스트는 쓴맛과 강한 향을 제공한다. 자신이 선호하는 맛에 따라 로스팅 수준을 조절한다.

로스팅 기술

로스팅 과정에서는 원두의 수분 함량, 온도, 시간 등을 세심하게 조절해야 한다. 경험 많은 로스터는 원두의 특성을 잘 이해하고 최적의 로스팅 프로파일을 개발할 수 있다. 이는 커피의 맛과 향을 최대한 끌어올리는 데 중요하다.

🔵 추출 과정

추출 방법 선택

다양한 추출 방법이 있으며 각 방법에 따라 커피의 맛이 달라진다. 에스프레소, 드립 커피, 프렌치 프레스, 콜드 브루 등 자신이 선호하는 추출 방법을 선택하고 해당 방법에 맞는 원두 분쇄도와 추출 시간을 조절한다.

물의 품질

물은 커피 성분의 98% 이상을 차지하므로 커피 맛에 큰 영향을 미친다. 깨끗한 물을 사용하고, 물의 알칼리니티와 수소이온농도(pH) 수준을 적절히 조절한다. 커피 맛은 98대 2의 게임이다.

분쇄도

원두의 분쇄도는 추출 시간과 맛에 큰 영향을 준다. 에스프레소는 매우 고운 분쇄도가 필요하며 프렌치 프레스는 굵은 분쇄도가 필요하다. 추출 방법에 따라 적절한 분쇄도를 선택하여 최상의 맛을 얻는다.

추출 시간

추출 시간은 커피의 맛을 결정하는 중요한 요소이다. 추출 시간이 너무 짧으면 신맛이 강하고 너무 길면 쓴맛이 강해진다. 추출 방법에 따라 적절한 시간(일반적으로 20~30초)을 설정하여 균형 잡힌 맛을 얻는다.

⬤ 보관과 관리

원두 보관

원두는 직사광선과 습기를 피하고 밀폐 용기에 보관한다. 진공 포장이나 밀폐 용기를 사용하면 신선도를 더 오래 유지할 수 있다.

설비 청소

커피 머신, 그라인더 등을 정기적으로 청소하여 커피 찌꺼기나 오일이 쌓이지 않도록 한다. 이는 커피 맛의 일관성을 유지하고 설비의 수명을 연장한다.

정기적인 관능 평가

커피 맛의 품질을 유지하기 위해 정기적으로 맛을 평가하고 필요에 따라 추출 과정이나 원두의 품질을 조정한다. 이는 최고의 커피 맛을 지속해서 제공하는 데 필수적이다.

최고의 커피 맛을 창조하는 것은 예술과도 같다. 원두 선택에서 로스팅, 추출 과정, 그리고 보관과 관리에 이르기까지 커피 한 잔이 완성되기까지의 모든 단계에서 세심한 주의와 정교한 기술이 필요하다. 각 단계에서 최적의 조건을 유지하며 자신의 취향에 맞는 완벽한 커피를 찾기 위한 끊임없는 노력이 바로 진정한 커피의 예술을 만들어 낸다.

이 과정은 맛있는 커피를 만드는 것을 넘어 커피에 대한 깊은 열정과 헌신을 담아내는 여정이다. 커피 한 잔 속에 담긴 이러한 정성과 노력이 고객에게 전달될 때 카페는 특별한 경험을 제공하는 장소로 변모한다.

진짜 커피 맛을 완성하여 최고의 커피 맛을 내는 것은 카페의 성공과 고객 만족도를 높이는 데 결정적인 역할을 한다. 이 과정은 고객에게 잊지 못할 순간을 제공하며 카페의 매력을 더욱 빛나게 한다. 커피 한 잔에 담긴 이러한 열정과 정성이야말로 카페가 오랫동안 사랑받는 이유가 된다.

최고의 커피 맛을 창조하는 것은 예술과도 같다.
원두 선택에서 로스팅, 추출 과정, 그리고 보관과 관리에 이르기까지,
커피 한 잔이 완성되기까지의 모든 단계에서
세심한 주의와 정교한 기술이 필요하다.

하루를 시작하는 첫 모금의 중요성

아침마다 테이크아웃 커피잔을 손에 들고 엘리베이터에 오르는 사람들을 자주 마주치게 된다. 이처럼 커피는 많은 이들에게 하루를 시작하는 데 없어서는 안 될 필수품이 되었다. 아침에 마시는 커피 한 잔은 하루의 활력을 불어넣는 중요한 역할을 한다.

커피 한 잔은 몸을 깨우고 정신을 맑게 하며 하루를 활기차고 생산적으로 만들어 준다. 이 작은 의식은 일상에 에너지를 더하고 새로운 도전과 과제를 맞이할 준비를 하게 해준다. 아침 커피가 어떻게 우리의 하루를 활기차고 풍요롭게 만드는지 그 특별한 힘을 살펴보자.

🇮 카페인의 각성 효과

에너지 부스트

커피의 주요 성분인 카페인은 중추신경계를 자극하여 졸음을 몰아내고 에너지를 증가시킨다. 이는 아침에 피로감을 덜어주고 활기차게 하루를 시작할 수 있게 한다.

집중력 향상

카페인은 뇌의 도파민 분비를 촉진하여 집중력과 인지 기능을 향상한다. 이는 아침 시간에 중요한 업무나 학습할 때 도움이 된다. 연구에 따르면 적당한 카페인 섭취는 기억력과 문제 해결 능력을 향상시키는 것으로 나타났다.

기분 전환

커피는 기분을 좋게 만드는 효과도 있다. 카페인은 세로토닌과 같은 기분 조절 물질의 분비를 증가시켜 우울감과 스트레스를 줄인다. 아침에 커피 한 잔을 마시면 기분이 좋아지고 긍정적인 마음가짐으로 하루를 시작할 수 있다.

🍵 아침 루틴과 커피

일관된 루틴 형성

아침에 커피를 마시는 것은 일관된 아침 루틴의 일부가 된다. 일관된 루틴은 하루를 계획적으로 시작하게 해주며 정신적 안정감을 준다. 커피 한 잔은 이러한 루틴의 중요한 요소로 작용하여 하루를 체계적으로 준비하게 한다.

준비 시간의 여유

커피를 마시는 시간은 하루를 준비하는 여유로운 시간으로 활용된다. 이 시간 동안 뉴스나 책을 읽거나 오늘의 할 일을 정리하는 등 자기 관리와 준비 시간을 가질 수 있다.

사회적 연결

아침에 커피를 함께 마시는 것은 가족이나 동료들과 연결을 강화하는 기회가 된다. 함께 커피를 마시며 대화하는 시간은 하루의 시작을 더욱 즐겁고 의미 있게 만든다.

🫘 다양한 커피 옵션

블랙커피

칼로리가 낮고 순수한 커피의 맛을 즐길 수 있는 블랙커피는 아침에 이상적인 선택이다. 블랙커피는 간편하게 준비할 수 있고 커피 본연의 풍미를 즐길 수 있다.

라떼와 카푸치노

우유가 포함된 라떼나 카푸치노는 부드러운 맛과 크림 같은 질감을 제공하여 많은 사람이 선호한다. 이러한 음료는 영양가 있는 아침 식사와 함께 즐기기 좋다.

콜드 브루

여름철에는 콜드 브루 커피가 아침을 상쾌하게 시작하는 데 도움이 된다. 차가운 물로 천천히 추출된 콜드 브루는 부드럽고 산미가 덜하여 많은 사람에게 인기가 있다.

🫘 커피와 함께하는 아침 식사

영양가 있는 아침 식사

커피와 함께 영양가 있는 아침 식사를 하는 것은 하루를 건강하게 시작하는 데 중요하다. 과일, 요구르트, 오트밀, 통곡물빵 등 건강한 음식과 커피를 함께 섭취하면 에너지와 집중력을 높일 수 있다.

밸런스 유지

커피만 마시지 말고, 적절한 탄수화물과 단백질을 함께 섭취하여 혈당을 안정적으로 유지하는 것이 좋다. 이는 오전 내내 안정된 에너지 수준을 유지하게 해준다.

수분 섭취

커피는 이뇨 작용이 있어 체내 수분을 배출시키므로 커피를 마신 후에는 충분한 물을 섭취하여 수분 균형을 유지해야 한다. 충분한 수분 섭취를 통해 커피로 인한 위장 장애를 개선하는 효과도 기대할 수 있다.

커피 한 잔은 하루를 활기차고 생산적으로 시작하는 데 없어서는 안 될 동반자이다. 아침에 마시는 커피는 카페인의 각성 효과와 기분 전환 그리고 일관된 아침 루틴 형성을 통해 우리의 일상에 활력을 불어넣는다.

커피는 정신을 맑게 하고 몸을 깨우며 하루를 맞이할 준비를 하게 한다. 그 안에는 건강상의 이점도 함께 담겨 있어 우리의 신체와 마음을 더욱 건강하게 유지하는 데 이바지한다. 이처럼 아침 커피는 우리의 일상을 풍요롭게 만들고 그 자체로도 하루를 시작하는 소중한 의식이 된다.

커피 한 잔으로 시작하는 활기찬 하루는 우리의 삶을 더욱 건강하고 만족스럽게 변화시킨다. 매일 아침 커피가 주는 작은 기쁨과 그로 인한 에너지가 우리의 삶에 큰 변화를 가져다준다.

카페공화국의 리더로 성장하라

카페는 커피를 판매하는 공간이자 문화와 소통의 중심지로 자리 잡고 있다. 이런 세계에서 리더가 된다는 것은 커피에 대한 열정과 깊은 지식, 탁월한 경영 능력 그리고 고객과의 진정성 있는 교감을 요구한다.

카페공화국에서 리더로 성장하기 위해서는 몇 가지 필수적인 요소가 필요하다. 먼저 커피에 대한 진정한 열정을 가지고 그 맛과 품질을 완벽히 이해해야 한다. 커피의 깊은 세계를 탐구하고 이를 고객에게 전달하는 능력은 기본이다. 또한, 창의적인 경영 전략을 통해 카페를 차별화해야 하며, 끊임없이 변화하는 시장에서 앞서 나가는 통찰력을 길러야 한다.

고객과의 소통 역시 중요하다. 고객의 목소리에 귀 기울이고 그들의 요구를 파악하여 이를 반영한 서비스를 제공함으로써 신뢰와 충성도를 쌓아야 한다. 이러한 과정을 통해 카페는 사람들의 일상에 스며드는 특별한 장소가 될 수 있다.

카페공화국의 리더가 되는 길은 좋은 커피를 제공하면서 사람들과 소통하고 그들에게 의미 있는 경험을 선사하며 지속해서 혁신을 추구하는 여정이다. 이 여정을 통해 카페는 사람들의 삶 속에서 중요한 위치를 차지하게 된다.

커피에 대한 깊은 이해와 열정

커피 지식

카페의 리더가 되기 위해서는 커피에 대한 깊은 이해가 필수적이다. 커피 원두의 종류, 재배 지역, 로스팅 기법, 추출 방법 등 커피와 관련된 모든 지식을 습득하고 있어야 한다. 이를 통해 고객에게 최고의 커피를 제공할 수 있다.

지속적인 학습

커피 산업은 지속해서 발전하고 변화한다. 최신 트렌드와 기술을 배우고 새로운 커피 스타일과 추출 방법을 연구하며 지속해서 지식을 업데이트해야 한다. 이를 통해 경쟁력을 유지하고 고객에게 최신의 맛과 경험을 제공할 수 있다.

열정과 헌신

커피에 대한 진정한 열정과 헌신은 리더의 가장 중요한 자질 중 하나이다. 커피에 대한 열정이 있어야만 매일 반복되는 작업 속에서도 최고의 품질을 유지할 수 있다. 리더의 열정은 직원들에게도 전파되며, 이를 통해 긍정적인 작업 환경을 조성해야 한다.

◢ 뛰어난 경영 능력

비즈니스 전략

성공적인 카페 운영을 위해서는 명확한 비즈니스 전략이 필요하다. 시장 조사, 경쟁 분석, 마케팅 계획 등을 통해 카페의 방향성을 설정하고 이를 바탕으로 운영 계획을 세워야 한다. 이는 카페의 성장과 지속 가능성을 보장한다.

재무 관리

카페 운영에는 적절한 재무 관리가 필수적이다. 비용 절감, 수익 극대화, 재고 관리 등 재무적 측면에서의 효율적인 운영이 필요하다. 재무 관리는 카페의 지속 가능성을 확보하는 데 매우 중요하다.

직원 관리

직원들은 카페의 중요한 자산이다. 직원들을 잘 관리하고 교육하며 동기 부여를 통해 최상의 서비스를 제공할 수 있도록 지원한다. 직원들과의 원활한 소통과 협력은 카페의 성공에 중요하다.

● 고객과의 소통과 관계 형성

고객 서비스

뛰어난 고객 서비스는 카페의 성공을 결정짓는다. 고객의 요구와 기대를 이해하고 이를 충족시키기 위해 노력해야 한다. 친절하고 신속한 서비스와 고객의 피드백을 반영한 개선 등이 필요하다.

고객 경험

카페에서의 경험은 커피를 마시는 것만을 넘어선다. 편안하고 쾌적한 분위기와 멋진 인테리어, 좋은 음악 등 모든 요소가 고객의 경험을 형성한다. 이러한 요소들을 종합적으로 관리하여 고객에게 특별한 경험을 제공한다.

커뮤니티와의 연계

지역 커뮤니티와의 연계는 카페의 성공에 큰 도움이 된다. 지역 행사에

참여하거나 커뮤니티 이벤트를 주최하여 지역 주민들과의 관계를 강화할 수 있다. 이는 고객 충성도를 높이고 카페의 인지도를 높이는 데 이바지한다.

● 지속 가능한 경영

환경친화적 운영

환경을 고려한 지속 가능한 운영은 현대 카페의 중요한 요소이다. 재활용할 수 있는 자재 사용, 에너지 절약, 폐기물 감소 등을 통해 환경친화적인 카페를 운영한다. 이는 고객들에게 긍정적인 이미지를 심어준다.

윤리적 조달

커피 원두와 재료의 윤리적 조달은 중요한 경영 전략 중 하나이다. 공정무역 인증을 받은 원두를 사용하거나 지속 가능한 농업을 지원하는 원두를 선택함으로써 윤리적 경영을 실천할 수 있다. 이는 고객들에게 신뢰를 주고 브랜드 이미지를 향상한다.

카페공화국의 리더가 되는 길은 단순하지 않다. 커피에 대한 깊은 이해와 열정, 탁월한 경영 능력, 고객과의 소통과 신뢰 구축, 그리고 지속 가능한 경영 철학이 조화롭게 어우러져야 한다. 이러한 요소들을 균형 있게 관리하고 끊임없이 발전시키는 것이 성공의 열쇠이다.

카페의 성공은 좋은 커피를 제공하는 것에서 끝나지 않고 고객들에게 잊을 수 없는 특별한 경험을 제공하면서 지역 사회와 긴밀하게 연계하여 긍정적인 변화를 끌어내야 한다. 이러한 목표를 가지고 꾸준히 노력한다면 카페는 사람들에게 영감을 주고 지역 사회에 긍정적인 영향을 미치는 중심지가 될 수 있다.

이 모든 과정은 쉬운 일이 아니다. 그러나 이러한 가치들을 마음에 품고 매일 조금씩 더 나은 카페를 만들어 나가려는 노력을 지속한다면 카페공화국의 진정한 리더로서 자리매김할 수 있다. 카페의 리더가 되는 과정은 고객에게 따뜻한 기억을 남기고 지역 사회에는 큰 가치를 전달하는 특별한 공간을 만들어 나가는 여정이다.

카페 창업, 성공을 위한 필수 요소

카페 창업은 많은 이들에게 매력적인 사업 기회로 다가온다. 그러나 성공적인 카페 운영을 위해서는 좋은 커피를 제공하는 것 이상의 다양한 요소들이 필요하다.

그렇다면 성공적인 카페 창업을 위한 필수 요소들은 무엇일까?

우선, 커피에 대한 깊은 이해와 열정이 중요하다. 고객에게 제공되는 커피의 품질은 창업자의 전문성과 열정에 달려 있다. 커피의 원두 선택에서부터 로스팅, 추출까지 모든 과정에서 세심한 주의를 기울이는 것이 필수적이다.

그리고 뛰어난 경영 능력은 카페 운영의 핵심이다. 시장 분석, 트렌드 파악, 그리고 차별화된 서비스 제공을 통해 경쟁에서 앞서 나가는 것이 중요하다. 창의적이고 혁신적인 접근으로 자기 카페만의 독특한 브랜드를 구축하는 것도 성공의 중요한 요소이다.

또한, 고객과의 소통과 신뢰 구축도 필요하다. 고객의 기대를 충족시키고 그들의 목소리에 귀 기울이며 따뜻한 관계를 형성하는 것은 장기적인 성공을 보장한다.

나아가 지속 가능한 경영을 고려해야 한다. 지역 사회와의 연계, 친환경적인 운영 방식 등을 통해 긍정적인 영향을 미치는 카페는 비즈니스와 사회적 책임을 다하는 공간으로 성장할 수 있다.

◐ 철저한 사업 계획

시장 조사

카페 창업을 시작하기 전 철저한 시장 조사는 필수이다. 먼저 지역의 커피 소비 패턴을 분석하여 해당 지역에서 어떤 유형의 커피와 메뉴가 인기를 끌고 있는지 파악해야 한다. 또한, 기존 경쟁 업체를 자세히 분석하여 그들의 강점과 약점을 이해하고 차별화된 전략을 수립할 기회를 찾아야 한다. 잠재 고객층의 요구와 선호도 역시 중요하다. 예를 들어, 해당 지역의 연령대, 직업군, 생활 방식 등의 상권 정보를 분석해 그들이 어떤 카페를 선호하고 어떤 시간대에 주로 방문하는지를 파악함으로써 시장 진입의 타당성을 확인할 수 있다.

사업 계획서 작성

구체적이고 실현할 수 있는 사업 계획서를 작성하는 것은 성공적인 카페 창업의 초석이다. 사업 계획은 명확한 사업 목표와 이를 달성하기 위한 전략이 포함되어야 한다. 타겟 고객을 정의하고 이들을 효과적으로 유치할 수 있는 마케팅 전략을 세우는 것이 중요하다. 운영 계획은 카페의 운영 시간, 메뉴 구성, 직원 채용 및 교육 계획 등을 상세히 다루어야 한다. 재무 계획은 초기 투자 비용, 예상 수익, 운영 비용, 손익분기점 등을 구체적으로 예측해야 한다. 이러한 비즈니스 플랜은 투자자를 설득하거나 자금을 조달하는 데 중요한 역할을 하며 사업 진행 과정에서 로드맵 역할을 한다.

입지 선정

카페의 위치 선정은 성공 여부를 결정짓는다. 먼저 고객 접근성이 좋은 장소를 고려해야 한다. 여기엔 도심의 번화가, 사무실 밀집 지역, 대학가 등 유동 인구가 많은 지역이 포함된다. 그리고 경쟁 카페와의 거리를 분석하여 경쟁이 심한 지역보다는 상대적으로 경쟁이 덜한 지역을 선택하는 것이 유리하다. 주차 공간의 유무와 대중교통 이용의 편리성도 중요한 고려 사항이다. 고객들이 쉽게 접근할 수 있는 위치에 카페를 두는 것은 높은 방문율을 유지하는 데 필수적이다. 이러한 요소들을 종합적으로 고려하여 입지를 선정하면 고객 유입을 극대화할 수 있다.

🫘 고품질 커피와 메뉴

최고의 원두 선택

고품질의 커피 원두를 사용하는 것이 중요하다. 신선한 원두를 사용하고 지역 특산 원두 등 다양한 선택지를 제공하여 고객의 취향을 만족시킬 수 있다.

다양한 메뉴

커피 외에도 다양한 음료와 디저트, 간단한 식사를 제공하여 고객의 다양한 요구를 충족시켜야 한다. 계절별로 변화하는 특별 메뉴나 독창적인 시그니처 음료를 개발하여 고객의 관심을 끌 수 있다.

바리스타의 기술

숙련된 바리스타는 카페의 중요한 자산이다. 바리스타의 기술과 서비스 품질이 커피의 맛과 고객 만족도를 결정한다. 바리스타의 교육과 지속적인 훈련에 투자하여 최고의 커피를 제공할 수 있도록 한다.

🍵 매력적인 카페 환경

인테리어 디자인

카페의 인테리어는 고객의 첫인상을 좌우한다. 편안하고 아늑한 분위기를 조성하여 고객이 머무르고 싶은 공간을 만든다. 테마를 설정하고 조명, 가구, 장식 등을 세심하게 고려하여 매력적인 공간을 조성한다.

청결 유지

카페는 항상 청결을 유지하여 고객이 쾌적하게 머무를 수 있도록 한다. 특히 화장실의 청결은 매우 중요하므로 상쾌한 마음이 들도록 유지한다. 청소 일정과 직원들의 청결 교육을 통해 위생적인 환경을 유지한다.

편의 시설 제공

고객의 편의를 위해 무료 Wi-Fi, 전원 콘센트, 편안한 좌석 등을 제공한다. 이러한 편의 시설은 고객의 만족도를 높이고 재방문을 유도한다.

✿ 효과적인 마케팅 전략

브랜드 구축

카페의 브랜드 이미지를 구축해야 한다. 로고, 슬로건, 색상 등 브랜드 아이덴티티를 확립하고 이를 통해 고객에게 일관된 이미지를 전달한다. 브랜드는 고객의 기억 속에 오래 남게 하고 충성 고객을 확보하게 된다.

소셜 미디어 활용

SNS 소셜 미디어는 카페 마케팅의 효과적인 도구이다. 인스타그램, 페이스북, 유튜브, 블로그 등을 활용하여 새로운 메뉴, 이벤트, 고객 후기 등을 공유하고 고객과의 소통을 강화할 수 있다. 소셜 미디어를 통해 브랜드 인지도를 높이고 더 많은 고객을 유치할 수 있다.

프로모션과 이벤트

다양한 프로모션과 이벤트를 통해 고객의 관심을 끌 수 있다. 할인 행사, 시음 이벤트, 로열티 프로그램 등을 통해 고객의 참여를 유도하고 재방문을 촉진한다. 지역 사회와 연계한 이벤트도 긍정적인 효과를 가져온다.

🫘 고객 서비스

고객 중심의 서비스

고객의 요구와 기대를 이해하고 이를 충족시키기 위해 최선을 다한다.
친절하고 신속한 서비스, 고객의 피드백 반영, 고객 불만의 신속한 처리
등이 필요하다.

고객 관계 관리

고객과의 관계를 지속해서 관리하여 충성 고객을 확보한다. 고객의 기
념일을 축하하거나 정기 고객에게 특별 혜택을 제공하는 등 개인화된
서비스를 통해 고객 만족도를 높인다.

피드백 수집과 개선

고객의 피드백을 적극적으로 수집하고 이를 바탕으로 서비스를 개선한
다. 고객의 의견을 반영하여 지속해서 카페 운영을 개선한다.

카페 창업은 많은 사람에게 꿈이지만 그 꿈을 현실로 만들어 성공적인
카페를 운영하기 위해서는 철저한 준비와 전략이 필요하다. 무엇보다 철
저한 사업 계획이 그 출발점이다. 시장 조사부터 사업 계획서 작성, 입지
선정까지 모든 과정을 신중하게 준비한다. 이러한 계획은 카페의 미래를

결정짓는 중요한 지침이 된다.

그리고 고품질의 커피와 다양한 메뉴는 고객에게 꾸준한 만족감을 제공하는 핵심이다. 커피의 맛과 품질에 대한 깊은 이해를 갖고 있으며, 동시에 세심한 주의를 기울인다면, 고객의 입맛을 사로잡고 그들이 다시 찾아오게 할 수 있을 것이다. 여기에 창의적이고 다양한 메뉴가 더해진다면 카페는 고객들에게 잊지 못할 경험을 제공하게 된다.

또한, 매력적인 카페 환경으로 고객이 머무르고 싶어 하는 분위기를 조성한다. 디지털 시대에 맞는 창의적인 마케팅 전략을 구사하여 고객과의 연결을 강화하고 카페의 존재감을 널리 알린다.

카페 창업은 도전적인 여정이지만 올바른 전략과 열정 그리고 헌신이 함께 할 때 꿈꾸던 카페를 성공적으로 운영할 수 있다. 이러한 요소들을 조화롭게 결합하고 끊임없이 노력하는 과정을 거친다면, 카페는 사람들에게 사랑받는 특별한 공간으로 자리를 잡을 수 있게 된다.

커피는 일상의 특별한 동반자로, 한 잔의 깊은 매력으로 소통과 문화를 이어준다. 그윽한 향기와 완벽한 맛은 일상에 특별한 행복을 더하며, 아침의 첫 모금은 하루를 풍성하게 여는 열쇠가 된다. 커피에 대한 깊이 있는 이해와 열정은 카페공화국의 리더로 나아가는 첫걸음이며, 성공적인 창업을 위해서는 완벽한 커피 맛의 본질을 탐구하는 것이 필요하다.

성공적인 카페를 운영하기 위해서는
철저한 준비와 전략이 필요하다.
무엇보다 철저한 사업 계획이 그 출발점이다.
시장 조사부터 사업 계획서 작성, 입지 선정까지
모든 과정을 신중하게 준비한다.
이러한 계획은 카페의 미래를 결정짓는 중요한 지침이 된다.

3장
기본

"좋은 커피는 정밀함과 열정의 만남에서 태어납니다.

과학이 예술과 조화를 이루는 순간이죠."

— George Howell (스페셜티 커피의 선구자) —

최고 원두로 카페 미래를 선도하라

창업은 인생에서 가장 중요한 전략적 의사결정이며, 창업의 성공을 위해선 현장 경험과 세상에 대한 통찰이 필수이다. 카페 창업에 있어서 커피의 맛과 품질을 결정짓는 중요한 요소 중 하나는 바로 원두의 선택이다. 원두 선택은 성공적인 사업의 첫걸음이자 고객에게 최상의 커피 경험을 선사하는 출발점이 된다.

그리고 원두의 선택은 커피의 맛만을 좌우하는 것이 아니라 카페의 정체성과도 직결된다. 원두의 산지, 품종, 그리고 가공 방식에 따라 커피의 풍미가 완전히 달라지며 이는 고객의 입맛을 사로잡는 중요한 요소로 작용한다.

그러므로 원두의 특성과 품질을 정확히 이해하고 카페의 콘셉트와 고객의 취향에 맞는 최적의 원두를 선정해야 한다. 이러한 과정을 통해 카페는 독창적이면서도 매력적인 커피를 제공할 수 있으며 이는 곧 고객 충성도로 이어진다.

☕ 원두의 중요성

커피 맛의 근본
커피의 맛은 원두의 품질과 특성에 크게 좌우된다. 원두의 품종, 재배 지역, 가공 방식, 로스팅 정도 등이 커피의 향미와 풍미를 결정한다. 따라서 좋은 커피를 제공하기 위해서는 원두 선택이 매우 중요하다.

브랜드 이미지
카페의 원두 선택은 브랜드 이미지와 직결된다. 고품질의 원두를 사용하는 카페는 고객들에게 신뢰와 높은 평가를 받을 수 있다. 이는 재방문율을 높이고 충성 고객을 확보하게 된다.

고객 만족도
다양한 원두를 사용하여 다양한 맛의 커피를 제공하면 고객의 다양한 취향을 충족시킬 수 있다. 이는 고객 만족도를 높이고 긍정적인 입소문을 통해 더 많은 고객을 유치하는 데 기여한다.

🍵 원두 선택의 기준

품종 선택

커피 원두는 아라비카와 로부스타 두 가지 품종으로 나뉜다. 아라비카는 고품질의 커피를 제공하며 과일 향, 꽃향기 등의 복합적인 향미를 지닌다. 로부스타는 강한 쓴맛과 높은 카페인 함량이 특징이며 에스프레소 블렌드나 인스턴트커피에 주로 사용된다. 카페의 콘셉트와 고객의 선호도를 고려하여 적절한 품종을 선택한다.

재배 지역

원두의 재배 지역에 따라 커피의 맛과 향은 크게 달라진다. 커피의 풍미에 영향을 미치는 주요 요인은 재배 지역의 기후, 토양, 해발고도, 그리고 가공 방식 등이다. 이러한 요인들이 복합적으로 작용하여 각 지역에서 생산된 커피는 독특한 특성과 개성을 지니게 된다. 주요 커피 재배 지역에 따른 맛과 향의 차이점은 다음과 같다.

① 중남미(라틴 아메리카): 콜롬비아, 브라질, 코스타리카, 과테말라, 온두라스 등

- 콜롬비아: 중간 정도의 바디감과 밝은 산미를 지니며, 캐러멜과 초콜릿, 견과류의 풍미가 특징이다.

- 브라질: 무거운 바디감과 낮은 산미, 초콜릿, 견과류, 때로는 건과일의 달콤한 맛이 느껴진다. 대량 생산으로 전 세계에서 많이 소비되는 커피 중 하나이다.
- 코스타리카: 산미가 선명하고 균형 잡힌 바디감이 특징이며, 감귤류와 같은 밝고 깨끗한 맛이 돋보인다.
- 과테말라: 다양한 기후와 고도 덕분에 복합적인 풍미를 지니며, 초콜릿, 스파이시, 때로는 과일의 톡 쏘는 산미를 느낄 수 있다.
- 온두라스: 산미, 단맛, 바디감의 균형, 체리, 사과, 베리류, 캐러멜, 초콜릿 등 다채로운 맛을 느낄 수 있다.

② 아프리카: 에티오피아, 케냐, 탄자니아, 르완다 등

- 에티오피아: 커피의 발상지로 베리류, 재스민, 허브와 같은 복합적인 과일 향이 특징이다. 에티오피아 커피는 화려한 산미와 독특한 향미로 유명하다.
- 케냐: 강렬한 산미와 풍부한 바디감을 지니며 블랙 커런트, 자몽, 와인과 같은 과일 향이 특징이다. 케냐 커피는 깨끗한 맛과 긴 여운을 남긴다.
- 탄자니아: 중간에서 강한 산미와 중간 정도의 바디감을 지니며 자몽, 감귤류, 때로는 열대 과일의 향을 느낄 수 있다.
- 르완다: 밝고 깨끗한 산미와 적당한 바디감, 붉은 과일과 꽃 향이

특징이다.

③ 아시아 및 태평양: 인도네시아(수마트라, 자바), 인도, 베트남, 파푸
아뉴기니 등

- 인도네시아(수마트라): 무거운 바디감과 낮은 산미, 다크 초콜릿,
흙, 스파이시, 때로는 스모키한 향이 특징이다. 수마트라 커피는
그 강렬하고 독특한 풍미로 유명하다.
- 인도네시아(자바): 부드러운 바디감과 중간 정도의 산미를 지니며
흙, 허브, 초콜릿, 향신료의 풍미가 느껴진다.
- 인도: 스파이시한 향신료, 깊은 초콜릿, 낮은 산미, 중후한 바디감,
카다멈, 계피, 후추, 견과류, 흙 내음 등 복합적이고 안정감 있는
맛이 특징이다.
- 베트남: 주로 로부스타 원두가 재배되며 쓴맛이 강하고 바디감이
무겁다. 초콜릿, 흙, 때로는 고소한 견과류 향이 특징이다.
- 파푸아뉴기니: 중간 바디감과 밝은 산미를 지니며, 열대 과일, 초
콜릿, 견과류의 풍미가 특징이다.

④ 카리브해: 자메이카, 하와이 등

- 자메이카 블루마운틴: 부드러운 바디감과 선명한 산미를 지니며
고소한 견과류, 초콜릿, 때로는 과일 향이 느껴진다. 세계적으로

가장 비싼 커피 중 하나로 매우 균형 잡힌 풍미로 유명하다.

- 하와이(코나): 가벼운 바디감과 은은한 산미, 부드러운 초콜릿, 견과류, 꽃 향이 특징이다. 코나 커피는 청량감 있는 마무리로 잘 알려져 있다.

가공 방식

커피 원두의 가공 방식도 맛에 큰 영향을 미친다. 주요 가공 방식으로는 자연 건조, 세척, 벌집 꿀 방식이 있다. 자연 건조 방식은 과일 향과 단맛이 강하고, 세척 방식은 깨끗하고 산미가 두드러지며, 벌집 꿀 방식은 단맛과 바디감이 풍부하다. 가공 방식을 고려하여 원두를 선택하면 커피의 특성을 더욱 풍부하게 만들 수 있다.

로스팅 정도

로스팅은 커피의 최종 맛을 결정짓는 중요한 과정이다. 라이트 로스트는 원두의 고유한 맛과 산미를 살리고, 미디엄 로스트는 균형 잡힌 맛과 향을 제공한다. 다크 로스트는 쓴맛과 강한 향이 특징이다. 카페의 커피 스타일에 맞는 로스팅 정도를 선택하여 일관된 맛을 유지한다.

🫘 원두 선택과 커피 맛의 최적화

커피 블렌딩

여러 종류의 원두를 블렌딩하여 독특한 맛을 창출할 수 있다. 블렌딩은 각 원두의 장점을 살리고 단점을 보완하여 균형 잡힌 커피 맛을 만들어 낸다. 이를 통해 시그니처 블렌드를 개발하고 고객에게 차별화된 커피를 제공할 수 있다.

샘플 테스트

원두를 선택하기 전에 다양한 샘플을 테스트해 본다. 각 원두의 향미와 맛을 비교하고 최상의 조합을 찾기 위해 커핑(커피 시음) 과정을 거친다. 이를 통해 원두의 품질을 확인하고 카페에 가장 적합한 원두를 선택할 수 있다.

신뢰할 수 있는 공급업체

신뢰할 수 있는 원두 공급업체를 찾아야 한다. 좋은 품질의 원두를 안정적으로 공급받기 위해 인증된 공급업체와 협력하고 지속적인 품질 관리를 통해 일관된 원두를 확보해야 한다. 또한, 공급업체와의 긴밀한 관계를 유지하여 새로운 원두와 트렌드를 지속해서 파악한다.

고객 피드백 반영

고객의 피드백을 적극적으로 수용하여 원두 선택에 반영한다. 고객이 선호하는 맛과 향을 파악하고 이를 반영하여 원두를 선택하면 고객 만족도를 높일 수 있다. 정기적으로 고객 설문 조사나 시음회를 개최하여 고객의 의견을 수집하는 것도 좋은 방법이다.

최고의 원두 선택은 카페의 미래를 선도하는 첫걸음이자, 성공적인 카페 운영의 핵심이다. 품종, 재배 지역, 가공 방식, 로스팅 정도 등을 세심하게 고려하여 고품질의 원두를 선택하는 것이 중요하다. 이로써 고객에게 최상의 커피 경험을 제공할 수 있다.

그러나 훌륭한 커피를 제공하는 것은 단순한 원두 선택에 그치지 않는다. 커피 블렌딩, 샘플 테스트, 신뢰할 수 있는 공급업체와의 협력, 그리고 고객 피드백의 반영을 통해 커피의 맛을 지속해서 최적화해야 한다. 이러한 노력은 카페의 브랜드 이미지를 강화하고 고객의 충성도를 높이는 데 중요한 역할을 한다.

고객에게 커피 한 잔 이상의 가치를 제공하기 위해 끊임없이 품질을 추구하고 세심한 주의를 기울인다면 운영하는 카페는 커피 판매점을 넘어선 특별한 공간이 될 것이다. 이러한 헌신과 열정은 결국 카페의 성공적인 운영으로 이어질 것이며, 고객들에게 오래도록 사랑받는 브랜드로 자리 잡는 원동력이 된다.

로스팅 예술로 미각을 정복하라

커피 원두가 지닌 고유의 맛은 주로 신맛과 단맛에서 비롯된다. 커피 체리, 즉 커피 열매는 과일로서 다양한 유기산과 당분을 포함하고 있어 자연스럽게 이러한 맛을 지니고 있다. 그리고 이 원두의 잠재된 맛과 향을 최대한 끌어내는 과정이 바로 '로스팅'이다. 로스팅은 단순한 조리 과정을 넘어 과학적 원리에 기반을 두고 있는 작업이며, 예술적인 감각과 경험이 요구되는 정교한 작업이다.

로스팅을 통해 커피 원두는 그 고유의 개성을 발현하며 신맛, 단맛, 쓴맛, 바디감 등 다채로운 풍미를 형성하게 된다. 이 과정에서 로스터는 온도, 시간, 공기 흐름 등 다양한 변수를 조절하여 원두의 잠재력을 극대화한다. 이는 단순한 기술이 아닌 커피 맛을 창조하는 예술에 가깝다. 커피 로스팅의 중요성과 그 과정은 최상의 커피 맛을 완성하는 데 있어 핵심적인 역할을 한다. 과학과 예술이 만나는 이 특별한 작업을 통해 우리는 커피 한 잔에 담긴 깊이 있는 풍미와 개성을 경험할 수 있다. 로스팅이 어떻게 커피의 맛을 창조하는지 그 예술과 과학의 세계를 살펴보자.

● 커피 원두 열매의 고유한 맛

신맛

① 유기산: 커피 열매에는 시트릭산, 말릭산, 퀸산 등의 다양한 유기산이 포함되어 있어 신맛을 제공한다. 이 유기산들은 특히 라이트 로스팅된 커피에서 더 두드러지게 느껴진다.

② 밝고 과일 같은 산미: 고품질의 커피 원두는 종종 밝고 과일 같은 산미를 가지고 있으며 이는 신선한 과일과 유사한 맛을 낸다.

단맛

① 당분: 커피 체리에는 과당, 포도당, 설탕 등 다양한 당분이 포함되어 있어 단맛을 제공한다. 이 단맛은 특히 체리의 과육 부분에서 강하게 나타난다.

② 캐러멜화: 커피 원두의 당분은 로스팅 과정에서 캐러멜화되어 단맛을 강화할 수 있다. 특히 미디엄 로스트와 다크 로스트 커피에서 잘 느껴진다.

🔥 로스팅의 중요성

맛과 향의 결정

로스팅은 커피 원두의 화학적 구조를 변화시켜 다양한 맛과 향을 형성한다. 원두의 특성과 품질을 최적으로 발현시키기 위해 로스팅 과정이 중요하다. 올바른 로스팅을 통해 원두의 고유한 풍미를 극대화할 수 있다.

균형 잡힌 커피

로스팅 과정에서 다양한 맛 요소들(산미, 단맛, 쓴맛 등)을 조절하여 균형 잡힌 커피를 만든다. 각기 다른 로스팅 정도와 기법을 통해 커피의 전체적인 밸런스를 맞춘다.

독창적 커피 창조

로스터의 창의성과 기술을 바탕으로 독창적인 커피 프로파일을 창조한다. 이는 카페의 시그니처 블렌드를 만들고 차별화된 커피 경험을 제공한다.

🌑 로스팅 과정

전처리

로스팅 전 원두를 선별하고 깨끗이 씻는 전처리 과정이 필요하다. 이는 원두의 이물질을 제거하고 균일한 로스팅을 위해 실시한다.

건조 단계

로스팅 초기 단계에서는 원두 내부의 수분을 제거하는 건조 과정이 진행된다. 이 단계에서는 약 150℃까지 온도를 올리는 과정 중에 수분이 제거되면서 원두의 색이 황금색으로 변한다. 이 과정은 약 5~8분 정도 소요된다.

메일라드 반응

조금 더 시간이 지나면, 원두 내부의 당과 아미노산이 반응하여 다양한 향미 화합물을 생성하는 메일라드 반응이 일어난다. 이 과정에서 원두의 색은 점차 갈색으로 변하며 깊고 복합적인 풍미가 형성된다. 메일라드 반응은 약 150~200℃ 사이 온도에서 발생한다.

캐러멜화

당이 고온에서 캐러멜화되면서 단맛과 쓴맛을 형성한다. 이 과정에서 원두의 색은 짙은 갈색으로 변하고 복합적인 향미가 강화된다. 캐러멜화는 약 200℃ 이상의 온도에서 발생한다.

1차 크랙

약 8분에서 11분 정도가 경과되면, 원두 내부의 가스가 팽창하면서 터지는 소리가 나는 1차 크랙이 발생한다. 이 단계는 원두의 내부 구조가 변형되고 로스팅이 완료되는 시점의 신호로 간주한다. 1차 크랙 이후부터는 로스팅 정도에 따라 라이트 로스트, 미디엄 로스트, 다크 로스트 등으로 나누는데 일반적으로 색상과 크랙 소리 기준으로 로스팅 레벨을 구분한다.

① 라이트 로스트

색상은 밝은 갈색이고 첫 번째 크랙이 난 직후 멈추는 경우가 많다. 원두의 고유한 특성과 산미가 잘 살아있다. 과일, 꽃 향, 밝고 상큼한 산미가 특징이다. 바디감은 가벼우며, 쓴맛이 거의 없다. 원두의 지역적 특성과 원래의 맛을 최대한 보존한다. "시티 로스트" 또는 "시나몬 로스트"라고도 불린다.

② 미디엄 로스트

색상은 중간 갈색이고 첫 번째 크랙과 두 번째 크랙 사이에 로스팅을 멈춘다. 산미와 단맛의 균형이 잘 잡혀 있으며 캐러멜과 초콜릿 노트가 나타나기 시작한다. 바디감은 중간 정도로 균형 잡힌 맛을 제공한다. 원두의 고유한 특성과 함께 로스팅에서 비롯된 풍미가 조화를 이룬다. "풀시티 로스트"라고도 불린다.

③ 미디엄 다크 로스트
색상은 다소 짙은 갈색이고 첫 번째 크랙 이후부터 두 번째 크랙이 시작될 무렵 멈춘다. 산미가 줄어들고 쓴맛과 단맛이 두드러지며 바디감이 더욱 풍부해진다. 초콜릿, 견과류, 스파이시한 노트가 강조된다. 로스팅으로 인한 풍미가 강해지며 약간의 오일이 원두 표면에 나타날 수 있다. "비엔나 로스트" 또는 "풀 시티 플러스"로도 불린다.

④ 다크 로스트
색상은 짙은 갈색에서 거의 검은색이고 두 번째 크랙 직전 또는 직후 멈춘다. 산미는 거의 사라지고 쓴맛과 스모키향 풍미가 강해진다. 단맛이 소멸하면서 쓴맛과 바디감이 두드러지며 커피가 무겁게 느껴진다. 원두 표면에 오일이 뚜렷하게 나타나며 "프렌치 로스트", "이탈리안 로스트"로도 알려져 있다. 원두의 원래 특성보다는 로스팅의 영향이 더 강하게 나타난다.

⑤ 초 다크 로스트

색상은 거의 검은색이고 두 번째 크랙 이후 멈추지 않고 지속해서 로스팅한다. 강한 쓴맛과 매우 무거운 바디감이 특징이다. 스모키하고 탄 맛이 나며 초콜릿과 캐러멜화된 당의 맛이 날 수 있다. 원두가 강하게 로스팅되어 본래의 고유한 맛은 거의 사라지고 로스팅 특성만이 강하게 남는다. "스패니시 로스트"라고도 불리며 강렬한 맛의 특정 음료나 블렌딩용으로 사용된다.

냉각

원하는 로스팅 정도에 도달하면 즉시 냉각 과정을 통해 로스팅을 멈춘다. 이는 과도한 로스팅을 방지하고 원두의 풍미를 유지할 수 있게 해준다. 냉각은 빠르게 진행되어야 하며 대개 공기 냉각이나 수랭식 방법이 사용된다.

🌰 로스팅의 과학

화학적 변화

로스팅 과정에서 원두의 화학적 구조가 변화하며 수백 가지의 화합물이 생성된다. 이는 커피의 맛과 향을 형성하는 데 중요한 역할을 한다. 카페인, 클로로젠산, 단백질, 탄수화물 등이 변화하며 이 과정에서 다양한 맛 요소가 만들어진다.

열전달

로스팅 과정에서 열전달 방식은 크게 전도, 대류, 복사 세 가지로 나눈다. 각 방식은 원두의 로스팅 결과에 영향을 미치며 로스터는 이를 조절하여 최적의 로스팅을 달성한다.

시간과 온도의 상관관계

로스팅 시간과 온도의 조합은 원두의 맛을 결정짓는다. 빠른 시간에 높은 온도로 로스팅하면 강한 향미와 쓴맛이 강조되며, 긴 시간에 낮은 온도로 로스팅하면 부드러운 맛과 산미가 살아난다. 이를 통해 원하는 맛 프로파일을 설정할 수 있다.

✿ 로스팅의 예술

로스터의 감각과 경험

로스팅은 과학적 원리에 기반을 두고 있지만, 로스터의 감각과 경험이 중요하다. 원두의 상태를 맨눈으로 확인하고 향을 맡아보며 로스팅 과정을 조절하는 것이 필요하다. 로스터의 숙련도와 창의성은 커피의 최종 맛을 결정짓는다.

프로파일 개발

로스터는 각 원두에 맞는 최적의 로스팅 프로파일을 개발해야 한다. 이는 다양한 테스트와 샘플 로스팅을 통해 이루어지며 이를 통해 원두의 고유한 특성을 극대화할 수 있다. 프로파일 개발은 반복적인 실험과 조정을 통해 완성된다.

창의적 표현

로스팅은 로스터의 창의성을 표현하는 예술적인 과정이다. 로스터를 통해 다양한 로스팅 기법과 변수를 조합하여 독특한 커피 맛을 창조할 수 있다. 이는 카페의 시그니처 블렌드와 독창적인 커피 메뉴를 개발하는 역할을 한다.

로스팅은 커피 맛을 창조하는 데 있어 핵심적인 과정으로 과학적 원리와 예술적 감각이 절묘하게 결합한 복합적인 작업이다. 이 과정에서 원두의 화학적 변화를 깊이 이해하고 로스팅 시간과 온도를 세심하게 조절함으로써 최상의 커피 맛을 끌어낼 수 있다. 로스터의 경험과 감각은 이 모든 과정을 조율하는 중요한 요소로 작용한다.

성공적인 카페 운영을 위해서는 로스팅의 과학과 예술을 깊이 이해하고 이를 통해 고객에게 일관된 품질의 커피를 제공하는 것이 필요하다. 로스터의 창의성과 기술은 독창적이고 매혹적인 커피를 창조하는 원천이 되며 이는 카페의 성공을 이끄는 중요한 열쇠이다.

로스팅을 통해 커피의 본질을 극대화하고 그 안에 담긴 풍미를 섬세하게 표현함으로써 고객에게 잊지 못할 커피 경험을 선사할 수 있다. 로스팅의 예술로 미각을 정복하는 노력을 통해 카페는 커피 애호가들이 끊임없이 찾게 되는 특별한 장소로 자리 잡게 된다.

추출 기술로 우아함을 표현하라

커피의 맛을 결정짓는 중요한 요소 중 하나는 바로 추출 방법이다. 각기 다른 추출 방법은 커피의 향미와 특성을 독특하게 표현하며 이를 통해 다양한 커피 경험을 제공할 수 있다. 추출 방식에 따라 커피는 전혀 다른 매력을 지니게 되며 그 배후에는 복잡한 과학적 원리가 숨어 있다.

추출 방법의 선택은 단순한 취향을 넘어 커피의 본질을 어떻게 끌어낼 것인지에 관한 결정이다. 커피 입자와 물의 접촉 시간, 온도, 압력 등 다양한 변수들이 결합하여 각기 다른 풍미를 만들어 낸다. 이러한 과학적 원리를 깊이 이해하고 적절하게 적용하는 것이 추출의 예술이다.

에스프레소, 드립, 프렌치 프레스, 에어로 프레스, 콜드 브루 등 다양한 추출 방식이 있으며 각각의 방법은 커피의 다른 측면을 강조하여 특별한 맛과 향을 만들어 낸다. 추출 방법의 다양성과 그 뒤에 숨겨진 과학적 원리를 이해함으로써 우리는 커피가 가진 무궁무진한 가능성을 탐구하고 고객에게 특별한 커피 경험을 제공할 수 있다.

● 추출 방법의 다양성

에스프레소

뜨거운 물을 높은 압력으로 커피 가루에 빠르게 통과시켜, 진하고 농축된 커피를 만드는 방식이다. 특징은 풍부한 크레마, 강한 맛과 향, 짧은 추출 시간(약 25~30초) 등이다. 과학적 원리는 약 9바의 압력을 사용하여 물이 커피 가루를 빠르게 통과함으로써 커피의 오일과 용해 성분을 추출한다.

드립 커피

물을 높은 곳에서 떨어뜨려 중력에 의해 커피 가루를 천천히 통과시킴으로써 추출하는 방식이다. 특징은 깨끗하고 맑은 맛, 다양한 맛과 향미 표현, 긴 추출 시간(약 3~4분)이다. 과학적 원리는 물이 천천히 커피 가루를 통과하는 동안 커피의 수용성 화합물을 용해시켜 추출한다.

프렌치 프레스

굵게 간 커피 가루에 뜨거운 물을 부어 일정 시간 동안 적신 후 메시 필터를 이용해 커피를 추출하는 방식이다. 특징은 풍부한 바디감, 진한 맛과 향, 긴 담근 시간(약 4분)이다. 과학적 원리는 커피 가루와 물이 직접 접촉하면서 커피의 오일과 미세 입자가 추출되며 메시 필터가 이를 걸러준다.

에어로 프레스

커피 가루와 뜨거운 물을 짧은 시간 동안 혼합한 후 공기 압력을 이용해 커피를 추출하는 방식이다. 특징은 다양한 맛과 향, 빠른 추출 시간(약 1~2분), 휴대성이다. 과학적 원리는 공기 압력을 이용하여 커피 가루를 빠르게 추출하는 것이며, 담금과 필터링을 결합한 방식으로 커피의 다양한 화합물을 추출한다.

콜드 브루

찬물을 사용하여 오랜 시간 동안(약 12~24시간) 커피를 추출하는 방식이다. 특징은 부드럽고 낮은 산미, 긴 추출 시간, 차가운 커피이다. 과학적 원리는 찬물이 천천히 커피 가루를 통과하면서 수용성 화합물이 추출되는 것이며, 낮은 온도에서의 추출로 인해 쓴맛과 산미가 적다는 것이 특징이다.

◗ 커피 추출의 과학적 원리

용해도와 추출

커피 추출의 핵심 원리는 커피 가루에 포함된 화합물들을 물에 용해시키는 과정이다. 물의 온도, 압력, 접촉 시간 등이 용해도에 영향을 미치며 각기 다른 추출 방법은 이러한 요소들을 다르게 조절하여 다양한 맛과 향을 만든다.

압력

압력은 커피 추출에서 중요한 역할을 한다. 에스프레소 머신은 약 9바의 압력을 사용하여 커피 가루를 통과시키며 이에 따라 짧은 시간 동안 강한 맛과 향을 가진 커피를 얻을 수 있다. 반면 드립 커피나 프렌치 프레스는 중력과 자연 압력을 이용하여 천천히 추출한다.

물의 온도

물의 온도는 커피 추출의 효율성과 맛에 큰 영향을 미친다. 대부분의 커피 추출 방법에서 물의 온도는 90~96℃가 이상적이며 이 범위 내에서 커피의 풍미와 향을 최적화할 수 있다. 콜드 브루는 찬물을 사용하여 낮은 온도에서 추출하며 이는 독특한 맛과 부드러운 질감을 제공한다.

필자는 미네랄메이커 필터가 만든 마그네슘 알칼리이온 워터를 사용하여 산미 있는 원두를 물 온도 85℃, 95℃에서 드립 커피 추출 비교 실험을 해보았다. 낮은 온도일 때 산미와 단맛, 후미 등이 더 좋은 것을 확인할 수 있었다. 이는 물의 특성으로 인한 결과로 판단된다.

추출 시간

추출 시간은 커피의 최종 맛을 결정짓는다. 에스프레소는 짧은 추출 시간을 통해 강한 맛과 향을 가지며, 드립 커피나 프렌치 프레스는 비교적 긴 추출 시간을 통해 다양한 화합물을 추출한다. 콜드 브루는 매우 긴 추출 시간을 통해 부드럽고 균형 잡힌 맛을 제공한다.

분쇄도

커피 가루의 분쇄도는 추출 과정에서 물과 커피 가루의 접촉 면적을 결정한다. 에스프레소는 매우 고운 분쇄도가 필요하며, 드립 커피는 중간 정도의 분쇄도, 프렌치 프레스는 굵은 분쇄도가 필요하다. 분쇄도는 추출 시간과 용해도를 조절하여 커피의 맛과 향을 최적화한다.

다양한 커피 추출 방법은 각기 다른 과학적 원리에 기반을 두고 있으며 이를 통해 커피의 맛과 향을 다채롭게 표현할 수 있다. 각 추출 방식은 압력, 온도, 시간, 분쇄도, 물의 알칼리니티 등 여러 요소를 조절하여 커피의 잠재력을 최대로 끌어내는 데 중점을 둔다.

카페 창업자나 커피 애호가들은 이러한 추출 방법과 그에 따른 원리를 깊이 이해함으로써 다양한 커피 경험을 제공하고 고객의 다양한 취향을 만족시킬 수 있다. 커피 추출의 과학과 예술을 조화롭게 결합하여 최상의 커피를 만들어 내는 것은 성공적인 카페 운영의 핵심이다.

각 추출 방법이 지닌 독특한 특성을 이해하고 이를 활용하여 우아함을 표현할 때 고객에게 잊지 못할 커피 경험을 선사할 수 있으며, 이것은 카페의 성공을 이끈다. 커피의 깊이와 풍미를 탐구하며 그 안에 담긴 예술적 감각을 극대화하는 노력이야말로 진정으로 커피의 우아함과 가치를 전달하는 길이다.

커피 추출의 과학과 예술을 조화롭게 결합하여
최상의 커피를 만들어 내는 것은 성공적인 카페 운영의 핵심이다.

커피의 숨겨진 매력을 발견하라

커피 맛은 단순히 원두 선택이나 추출 방법만으로 결정되지 않는다. 커피의 복합적인 맛과 향은 원두 내에서 일어나는 다양한 화학적 반응과 화합물의 조합에 의해 형성된다. 이 과정에서 수백 가지의 화학적 요소들이 상호작용하며 각 요소는 커피의 고유한 풍미를 만들어 낸다.

커피 맛을 결정하는 주요 화학적 요소들을 이해하는 것은 커피의 깊이와 복잡성을 온전히 느끼게 한다. 원두 내의 성분들이 로스팅과 추출 과정을 거치면서 어떻게 변화하는지, 그 결과 어떤 맛과 향이 탄생하는지, 이런 것들을 살펴보는 것은 커피 애호가들에게 중요한 여정이다.

커피 맛을 좌우하는 주요 화학적 요소들을 살펴보면서 이 요소들이 어떻게 결합하여 커피의 독특한 맛을 만들어 내는지 그리고 이 과정을 통해 커피가 어떻게 예술적인 경험으로 변모하는지 살펴보자.

🫘 주요 화학 성분

카페인

카페인은 커피의 쓴맛을 제공하며 중추신경계를 자극하여 각성 효과를 준다. 카페인의 양은 커피의 쓴맛과 자극적인 맛에 영향을 미친다. 로부스타 원두는 아라비카 원두보다 더 높은 카페인 함량을 가지고 있다.

클로로젠산

클로로젠산은 항산화 물질로 커피의 신맛과 쓴맛에 기여한다. 로스팅 과정에서 클로로젠산이 분해되면서 다양한 화합물로 변환되고 커피의 복합적인 맛을 형성한다. 라이트 로스트 커피는 클로로젠산이 더 많이 남아 있어 산미가 강하다.

리피드

커피 원두에는 리피드(지방질)가 포함되어 있으며 주로 커피 오일 형태로 존재한다. 리피드는 커피의 바디감과 향미에 기여한다. 특히 에스프레소에서 크레마를 형성하는 데 중요한 역할을 한다.

단백질과 아미노산

단백질과 아미노산은 원두의 주요 구성 요소이다. 로스팅 과정에서 단백질과 아미노산이 메일라드 반응을 일으켜 복합적인 향미 화합물을 생성한다. 이는 커피의 깊고 복잡한 맛을 형성하는 데 기여한다.

탄수화물

커피 원두에는 다양한 형태의 탄수화물이 포함되어 있다. 로스팅 과정에서 탄수화물이 캐러멜화되면서 커피의 단맛과 쓴맛을 형성한다. 이는 커피의 전체적인 맛 균형에 중요하다.

● 로스팅 과정의 화학적 변화

메일라드 반응

단백질과 당류가 고온에서 반응하여 갈색 색소와 향미 화합물을 형성하는 과정이다. 메일라드 반응은 로스팅 과정에서 커피의 깊고 복합적인 풍미를 만든다. 로스팅 온도와 시간에 따라 다양한 향미가 형성된다.

캐러멜화

당류가 고온에서 분해되고 변형되면서 단맛과 쓴맛을 형성하는 과정이다. 캐러멜화는 커피의 색상과 맛에 큰 영향을 미치며 로스팅 후반부에 발생한다. 이는 커피의 달콤한 맛과 쓴맛의 균형을 맞춘다.

탈수 반응

로스팅 과정에서 물 분자가 제거되면서 다양한 화학적 변화가 일어나는 과정이다. 탈수 반응은 원두의 질감과 풍미를 변화시키며 로스팅의 진행 정도에 따라 커피의 최종 맛을 결정한다.

✿ 추출 과정의 화학적 요소

산도

커피의 산도는 다양한 유기산(구연산, 말산, 젖산 등)으로 인해 형성된다. 산도는 커피의 밝고 생동감 있는 맛을 제공하며 적절한 산도는 커피의 풍미를 복합적으로 만든다. 라이트 로스트 커피는 산미가 더 강하고 다크 로스트 커피는 산미가 더 약하다.

당

커피 원두에 포함된 당은 로스팅 과정에서 변환되며 추출 과정에서 다양한 맛을 형성한다. 당은 커피의 단맛을 제공하며 캐러멜화와 메일라드 반응을 통해 복합적인 향미를 형성한다.

페놀 화합물

커피에는 다양한 페놀 화합물이 포함되어 있으며 이는 항산화 특성을

가진다. 페놀 화합물은 커피의 쓴맛과 떫은맛을 형성하며 로스팅 정도
와 추출 방법에 따라 그 농도가 달라진다.

알칼로이드

카페인과 같은 알칼로이드는 커피의 쓴맛을 제공하는 성분이다. 알칼로
이드는 중추신경계를 자극하여 각성 효과를 제공하며 커피의 쓴맛과 자
극적인 맛에 기여한다.

커피의 맛을 결정하는 화학적 요소들은 매우 다양하고 복합적이다. 원
두의 성분과 로스팅, 추출 과정에서 발생하는 화학적 변화는 커피의 최종
적인 맛과 향을 형성하는 역할을 한다. 이러한 복잡한 과정들을 깊이 이해
하고 이를 섬세하게 조절함으로써 원하는 맛과 향을 창출하는 능력은 커
피의 진정한 예술을 완성하는 열쇠이다.

커피의 숨겨진 매력은 과학적 원리와 예술적 감각을 결합시켜 최상의
커피를 제공하는 것이다. 이 복합적인 과정을 통해 고객에게 잊지 못할 커
피 경험을 선사하고 카페의 브랜드 가치를 높이는 데 기여할 수 있다.

완벽한 풍미를 위해 물을 조율하라

물은 커피 성분의 98% 이상을 차지하는 주요 성분으로 커피의 맛과 향을 결정한다. 물과 커피가 만나면서 발생하는 다양한 화학적 상호작용은 커피의 최종 맛과 품질에 깊은 영향을 미친다. 이 상호작용을 이해하는 것은 커피의 섬세한 풍미를 극대화하는 데 꼭 필요하다.

물과 커피의 화학적 상호작용을 자세히 살펴봄으로써 우리는 커피의 본질을 더 깊이 이해하고 최상의 커피 한 잔을 완성하는 데 필요한 요소들을 조율할 수 있다. 이러한 과학적 원리에 대한 이해는 커피의 맛을 예술로 승화시키는 중요한 과정이다.

✿ 물의 화학적 성질

물의 세 가지 성질

물은 수소이온농도에 따라 산성, 중성, 알칼리성으로 구분된다. 수소이온농도는 pH1~14까지의 범위로 표시되며, pH7은 중성을 의미한다. pH7 미만은 산성, pH7 초과는 알칼리성을 나타낸다. 이 pH 수준이 너무 낮거나 높으면 커피 맛에 부정적인 영향을 미친다.

필자는 다양한 연구와 실험을 통해 수소이온농도가 pH8.0~9.0 수준일 때 커피 맛이 최적화되는 것을 확인했다. 이 범위의 물을 사용하면 커피 맛이 부드러워지며, 더 살아난 풍미와 균형 잡힌 맛을 즐길 수 있다.

경도

물의 경도는 물속에 녹아 있는 칼슘(Ca) 이온, 마그네슘(Mg) 이온, 기타 이온 등의 함량에 따라 결정된다. 경도가 높은 물은 커피의 풍미를 강화하고 바디감을 증가시키는 반면 경도가 낮은 물은 커피 맛을 밍밍하게 만들 수 있다. 커피 맛에 적정한 물의 경도는 50~175ppm이다.

미네랄 함량

물속에는 칼슘(Ca), 마그네슘(Mg), 나트륨(Na), 칼륨(K), 황산염(SO4), 염화물(Cl) 등 다양한 미네랄이 포함되어 있다. 각종 미네랄 함량은 커피의 추출 효율과 맛에 영향을 미친다. 적절한 미네랄 함량은 커피의 풍미를 균형 있게 만들어 준다.

♨ 커피 추출과 화학적 상호작용

용해도

커피 성분의 용해도는 물의 온도, 경도(알칼리니티), pH에 따라 달라진다. 물의 온도가 높을수록 커피의 수용성 화합물이 더 잘 용해되지만, 너무 높은 온도는 쓴맛을 초래할 수 있다.

확산

커피 가루와 물이 만나면 커피 성분이 물로 퍼진다. 분쇄도가 미세할수록 입자 표면적이 넓어져 물과의 접촉 면적이 증가하고, 확산 속도가 빨라져 커피 성분이 빠르게 추출된다. 반대로 굵은 분쇄도는 입자 표면적이 작아져 확산 속도가 느려지고, 커피 성분을 물로 충분히 이동시키기 위해서 더 긴 추출 시간이 필요하다.

추출 시간

추출 시간은 커피의 맛을 결정하는 중요한 요소이다. 추출 시간이 너무 짧으면 신맛이 강조되고 너무 길면 쓴맛이 강해진다. 각 추출 방법에 맞는 적절한 추출 시간을 설정하는 것이 중요하다.

☕ 물과 커피 성분의 상호작용

산도와 알칼리니티

커피에는 다양한 유기산이 포함되어 있으며 이는 커피의 산미를 결정한다. 물의 알칼리니티는 커피의 산미를 중화시킬 수 있다. 적절한 알칼리니티는 커피의 산미와 단맛의 균형을 맞추는 데 중요하다.

경도와 커피 오일

물의 경도는 커피 오일의 추출에 영향을 미친다. 경도가 높은 물은 커피 오일을 더 잘 추출하여 풍부한 향미와 바디감을 제공한다. 반대로 경도가 낮은 물은 커피 오일의 추출이 적어 풍미가 약해질 수 있다.

미네랄과 추출 효율

물속의 미네랄은 커피 성분의 용해도와 추출 효율에 영향을 미친다. 적절한 미네랄 함량은 커피의 다양한 화합물이 균형 있게 추출되도록 한다. 과도한 미네랄은 추출 과정을 방해할 수 있으며 부족한 미네랄은 추출 효율을 떨어뜨린다. 이상적인 커피 맛을 내려면 물의 알칼리니티를 40~70ppm 수준으로 유지해야 한다.

♦ 물의 화학적 조절

정수 필터 사용

정수 필터는 물속의 불순물과 이물질 등을 제거하여 물의 품질을 개선한다. 동시에 물의 청결도를 높이고 커피 맛에 부정적인 영향을 미치는 요소를 제거할 수 있다. 이를 통해 커피 추출에 적합한 물을 얻을 수 있으며, 이는 커피 맛을 일관성 있게 한다.

물 조절제 사용

물 조절제는 물의 수소이온농도(pH), 경도(알칼리니티), 미네랄 함량 등을 조절하는 데 사용된다. 이를 통해 이상적인 화학적 특성을 가진 물을 만들어 커피의 맛을 최적화할 수 있다.

특히 물의 알칼리니티를 높이는 데 사용하는 '미네랄메이커 필터'는 마그네슘 미네랄을 강화해 커피의 풍미를 더욱 부드럽고 균형 있게 만들어 준다. 이 필터는 물의 화학적 특성을 개선하는 물 조절제 기능을 수행하며 최상의 커피 맛을 추구하는 데 중요한 역할을 한다.

물과 커피의 화학적 상호작용은 커피의 최종 맛과 품질에 결정적인 역할을 한다. 물의 경도, 알칼리니티, 수소이온농도, 미네랄 함량 등 다양한 화학적 성질은 커피 성분의 용해도와 추출 효율에 직접적인 영향을 미친다.

커피의 완벽한 풍미를 위해 물의 화학적 특성을 깊이 이해하고 이를 적절히 조절하여 이상적인 커피 추출 환경을 조성해야 한다. 물과 커피의 상호작용을 정교하게 관리함으로써 고객에게 일관된 품질과 최상의 커피 맛을 제공할 수 있다.

과학으로 맛의 정수를 탐구하라

"커피 맛은 과학이다."

최상의 커피 맛을 창조하기 위해서는 과학적 접근이 필요하다. 커피의 화학적 구성, 물의 품질, 추출 방법 등 다양한 요소를 과학적으로 분석하고 최적화함으로써 일관되고 탁월한 커피 맛을 제공할 수 있다. 최고의 커피 맛을 끌어내기 위한 과학적 접근 방법들을 살펴보자.

🫘 원두의 화학적 분석

원두의 구성 성분 분석

커피 원두에는 카페인, 클로로젠산, 리피드, 단백질, 탄수화물 등 다양한 성분이 포함되어 있다. 이들 성분의 함량과 특성을 분석함으로써 원두의 품질을 평가할 수 있다. 화학 분석 기법을 통해 원두의 성분을 정밀하게 분석함으로써, 원두의 특성과 잠재적인 맛 프로파일을 이해할 수 있다.

로스팅 프로파일 최적화

로스팅 과정에서 원두의 화학적 성분이 변화되며 다양한 향미 화합물이 형성된다. 로스팅 프로파일을 최적화한다면 원두의 고유한 맛과 향을 최대한 끌어낼 수 있다. 로스팅 시간, 온도, 공기 흐름 등을 조절하여 다양한 로스팅 프로파일을 테스트한 후, 각 프로파일에 따른 원두의 화학적 변화를 분석하고 최적의 로스팅 조건을 설정할 수 있다.

✹ 물의 과학적 관리

물의 화학적 특성 분석

커피 추출에 사용되는 물의 화학적 성질(알칼리니티, 수소이온농도, 미네랄 함량 등)은 커피 맛에 큰 영향을 미친다. 물의 화학적 특성을 분석하여 최적의 커피 추출 환경을 조성할 수 있다. 물 샘플을 채취하여 알칼리니티, 수소이온농도(pH), 미네랄 함량을 측정한다. 이를 통해 물의 품질을 평가하고 수준에 따라 적절히 조절한다.

물 조절 및 필터링

물의 화학적 특성을 조절하여 커피 추출에 최적화된 물을 만들 수 있다. 필터링과 물 조절 기능을 사용하여 물의 품질을 개선하는 것도 가능하다. 적절한 정수 필터 시스템을 설치하고 물 조절을 위한 기능성 필터 등을 사용하여 알칼리니티, 수소이온농도(pH), 미네랄 함량을 조절한다. 이를 통해 일관된 최상의 커피 맛을 유지할 수 있다.

⏺ 추출 방법의 과학적 접근

추출 변수의 최적화

커피 추출 변수(분쇄도, 물의 온도, 추출 시간, 압력 등)를 최적화하여 최고의 커피 맛을 얻을 수 있다. 각 변수는 커피의 맛과 향에 직접적인 영향을 미친다. 다양한 추출 조건을 테스트하여 최적의 변수를 설정한 이후, 실험적 접근을 통해 각 변수의 영향을 분석하고 이를 기반으로 최적의 추출 프로파일을 개발할 수 있다.

센서 기술 활용

센서 기술을 활용하여 추출 과정 중 실시간 자료를 수집하고 이를 통해 추출 과정을 관찰하고 제어할 수 있다. 온도 센서, 압력 센서, 유량 센서 등을 사용하여 추출 변수를 모니터링한다. 수집된 데이터를 분석하여 추출 과정을 최적화하고 일관된 품질을 유지한다.

🔵 커피 맛의 과학적 평가

관능 평가 (Sensory Evaluation)

커피의 맛과 향을 과학적으로 평가하기 위해 관능 평가를 시행한다. 이는 전문가와 훈련된 패널이 커피의 맛을 평가하는 방법이다. 커피의 향, 맛, 질감, 후미 등을 평가하는 표준화된 절차를 따른다. 평가 결과를 바탕으로 커피의 품질과 특징을 분석한다.

① 향 (Aroma)

커피의 향은 수백 가지의 휘발성 화합물에 의해 결정된다. 원두의 품종, 로스팅 정도, 추출 방법에 따라 다양한 향을 느낄 수 있다. 꽃향기, 과일향, 초콜릿 향 등이 대표적이다.

② 맛 (Flavor)

커피의 맛은 단맛, 신맛, 쓴맛, 짠맛 등의 조합으로 형성된다. 원두의 화학적 구성과 로스팅, 추출 과정에서 형성된 화합물이 맛을 결정한다. 균형 잡힌 맛은 최고의 커피 경험을 선사한다.

③ 바디 (Body)

커피의 바디감은 입안에서 느껴지는 질감과 무게감이다. 커피의 오일과 미세 입자가 바디감을 형성하며 추출 방법과 물의 알칼리니티 등에 따라 바디감이 달라진다. 에스프레소는 풍부한 바디감을 제공하고 드립 커피는 가벼운 바디감을 제공한다.

④ 후미 (Aftertaste)

커피를 마신 후 입안에 남는 맛과 향이다. 후미는 커피의 전체적인 맛 경험을 완성하는 요소로 깔끔하고 지속적인 후미는 긍정적인 커피 경험을 만든다.

✐ 지속적인 품질 관리

품질 모니터링

커피의 품질을 지속해서 관찰하여 일관된 맛과 향을 유지한다. 이는 정기적인 검사와 데이터 분석을 통해 이루어진다. 주기적으로 커피 샘플을 채취하여 화학적 분석과 관능 평가를 시행한다. 데이터 분석을 통해 품질 변화를 추적하고 필요한 조처를 한다.

피드백 시스템

고객과 바리스타의 피드백을 수집하여 커피 품질을 개선한다. 피드백을 통해 고객의 요구와 기대를 반영할 수 있다. 고객 설문 조사, 바리스타 피드백 세션 등을 통해 정보를 수집하고 이를 분석하여 품질 개선에 활용한다.

최상의 커피 맛을 창조하기 위해서는 과학적 접근이 필요하다. 원두의 화학적 분석부터 물의 세심한 관리, 추출 변수의 정교한 최적화 그리고 커피 맛의 과학적 평가에 이르기까지 모든 과정에서 과학의 힘이 커피의 품질을 결정한다.

이러한 과학적 접근은 커피의 일관된 품질을 유지하고 고객에게 잊지 못할 최고의 커피 경험을 제공한다. 커피의 과학적 원리와 데이터를 기반으로 한 정밀한 접근을 통해 성공적인 카페 운영을 이끌어 나가는 것이야말로 진정한 커피 예술의 완성이다.

완벽한 커피를 향한 여정은 최고의 원두 선택으로 시작된다. 로스팅의 예술은 미각을 사로잡고, 바리스타의 세련된 추출 솜씨는 커피의 우아함을 표현하게 된다. 물과 과학을 통해 커피 맛의 정수를 완성하고 숨겨진 매력까지 끌어낼 수 있다. 커피 맛의 완성도를 높일 때 카페의 미래를 선도할 수 있다.

최상의 커피 맛을 창조하기 위해서는 과학적 접근이 필요하다.
원두의 화학적 분석부터 물의 세심한 관리, 추출 변수의
정교한 최적화 그리고 커피 맛의 과학적 평가에 이르기까지
모든 과정에서 과학의 힘이 커피의 품질을 결정한다.

4장
적용

"훌륭한 커피의 98%는 물입니다.

물이 커피 맛을 결정짓는 중요한 요소임을 잊지 마세요."

― Todd Carmichael (라 콜롬브 커피 창립자) ―

알칼리니티로 맛의 균형을 맞추어라

'98대 2의 게임.'

커피의 맛과 품질은 다양한 요소에 의해 결정되지만, 그중에서도 물의 알칼리니티는 특히 중요하다. 물은 커피의 주요 성분으로 물속에 포함된 미네랄이 커피의 최종 맛에 깊은 영향을 미친다. SCA(스페셜티커피협회)에서는 최적의 커피 맛을 위해 물의 알칼리니티 수준에 대한 가이드를 제시하고 있다. 물속 미네랄이 커피에 미치는 영향을 자세히 살펴보자.

⬮ 미네랄의 종류와 커피 맛 효과

칼슘 (Ca)

① 산도 조절: 칼슘은 커피의 산도를 조절하는 데 중요한 역할을 한다. 적절한 양의 칼슘은 커피의 산미를 균형 있게 만들어 주지만, 너무

많은 칼슘은 산미를 지나치게 억제하여 커피를 밍밍하게 만든다.

② 추출 효율성: 칼슘 이온은 커피 추출 과정에서 물과 커피 원두 간의 상호작용에 영향을 미친다. 이는 커피의 다양한 성분이 얼마나 잘 추출되는지에 영향을 주어 커피의 전체적인 맛과 향미를 좌우한다.

③ 질감과 바디감: 칼슘은 커피의 질감과 바디감에도 영향을 미친다. 칼슘 함량이 적당하면 커피 맛에 더 부드럽고 풍부한 느낌을 줄 수 있지만, 과도한 칼슘은 커피를 지나치게 무겁고 거칠게 만들 수 있다.

④ 쓴맛과 단맛 균형: 칼슘은 커피의 쓴맛과 단맛 간의 균형을 맞춘다. 적당한 칼슘은 쓴맛을 줄이고 단맛을 부각해 더 균형 잡힌 맛을 만들어 준다.

⑤ 미네랄 풍미: 칼슘은 자체적으로 약간의 미네랄 맛을 커피에 더할 수 있다. 이는 커피의 맛에 미세한 변화와 복합성을 더할 수 있다.

마그네슘 (Mg)

① 추출 효율성: 마그네슘은 커피 추출 과정에서 중요한 역할을 한다. 물속에 마그네슘이 적당히 함유되어 있으면 커피 원두의 다양한 성분이 더 잘 추출되어 커피의 풍미가 향상된다. 이는 마그네슘이 커피의 용해성과 추출 속도에 영향을 미치기 때문이다.

② 산미 강화: 마그네슘은 커피의 산미를 강화한다. 적절한 양의 마그네슘은 커피 맛에 밝고 생동감 있는 산미를 부각해 커피가 더 상큼하고

신선한 느낌을 줄 수 있게 해준다.

③ 쓴맛 감소: 마그네슘은 커피의 쓴맛을 약화시킨다. 이는 마그네슘이 커피의 다른 화합물과 상호작용하여 쓴맛을 줄여주는 효과를 가지기 때문이다. 결과적으로 커피의 쓴맛이 덜 느껴지게 되고 더 균형 잡힌 맛을 제공할 수 있게 된다.

④ 질감과 바디감: 마그네슘은 커피의 질감과 바디감에도 영향을 미친다. 마그네슘이 적당히 함유된 물로 추출된 커피는 부드럽고 깔끔한 질감을 가지게 되며 과도한 무게감을 피할 수 있다.

⑤ 향미 복합성: 마그네슘은 커피의 전체적인 향미를 다양하고 풍부하게 만든다. 적절한 마그네슘 농도는 커피의 다양한 향미 노트를 잘 표현할 수 있게 해준다.

나트륨 (Na)

① 단맛 강화: 나트륨은 커피의 단맛을 강화하는 효과가 있다. 소량의 나트륨은 커피의 단맛을 더 두드러지게 만들어 커피가 더 균형 잡힌 맛을 낼 수 있게 해준다.

② 쓴맛 감소: 나트륨은 커피의 쓴맛을 줄이는 데 도움이 된다. 이는 나트륨이 쓴맛을 억제하기 때문에 커피가 더 부드럽고 덜 쓰게 느껴지게 하는 것이다.

③ 전체적인 맛의 조화: 나트륨은 커피의 전체적인 맛을 조화롭게 만든

다. 적절한 양의 나트륨은 커피의 다양한 맛 요소를 균형 있게 하여 더 풍부하고 복합적인 맛을 경험하게 할 수 있게 해준다.

④ 경도와 바디감: 나트륨은 물의 경도와는 다르게 커피의 바디감에 큰 영향을 미치지 않지만, 다른 미네랄과 함께 작용하여 커피의 질감에 미묘한 변화를 준다.

⑤ 염미 증가: 과도한 나트륨은 커피에 염미를 더한다. 이는 커피를 마셨을 때 약간 짭짤한 맛을 느끼게 할 수 있으며, 이는 대부분의 커피 애호가가 원하지 않는 맛이다.

칼륨 (K)

① 쓴맛 감소: 칼륨은 커피의 쓴맛을 줄이는 역할을 한다. 적절한 양의 칼륨은 커피의 쓴맛을 억제하여 커피를 더 부드럽고 마시기 쉽게 만든다.

② 단맛 강화: 칼륨은 단맛을 강화하는 효과가 있다. 이는 커피의 자연적인 단맛을 더 두드러지게 하여 커피가 더 균형 잡힌 맛을 낼 수 있게 한다.

③ 산미 변화: 칼륨은 커피의 산미에 미묘한 영향을 준다. 적당한 칼륨 농도는 커피의 산미를 적절히 유지해 주지만 너무 많은 칼륨은 산미를 감소시킨다.

④ 바디감과 질감: 칼륨은 커피의 바디감과 질감에 영향을 미친다. 칼륨

이 적절히 함유된 물로 추출된 커피는 더 부드럽고 풍부한 질감을 가지게 되며 커피의 바디감을 향상시킨다.

⑤ 전체적인 향미 향상: 칼륨은 커피의 전체적인 향미를 복합적으로 만든다. 적절한 칼륨 농도는 커피의 다양한 향미 노트를 잘 표현한다.

황산 (SO_4)

① 쓴맛 증가: 황산염 이온(SO_4^{2-})은 커피의 쓴맛을 증가시킨다. 황산염 이온은 물속의 미네랄 성분이 커피 추출 과정에서 커피 원두와 반응하면서 발생한다.

② 질감 변화: 황산염은 커피의 질감을 더 무겁고 진한 느낌으로 만든다. 이는 커피가 입안에서 느껴지는 방식에 영향을 미쳐 더 강한 바디감을 느끼게 한다.

③ 향미 복합성: 적절한 양의 황산염은 커피의 향미를 더 다양하고 흥미롭게 만들 수 있지만 과도한 황산은 오히려 향미를 망친다.

④ 산도 감소: 황산염은 커피의 산미를 약화시킨다. 이는 커피의 산도와 황산염이 상호작용하여 산미를 줄어들게 하기 때문이다.

🔵 물의 알칼리니티와 스케일

알칼리니티 의미

알칼리니티(alkalinity)는 물이 산성을 중화하는 능력을 나타내는 지표로 물속 칼슘과 마그네슘 미네랄 함량을 의미한다. 알칼리니티는 커피 맛에 큰 영향을 미치는데 SCA는 최적의 커피 맛을 내기 위한 물의 알칼리니티를 40~70ppm으로 가이드하고 있다. 필자가 전국의 카페를 방문하여 물 품질과 커피 맛 분석 컨설팅을 진행하면서 확인한 결과 대부분 카페에서 사용하고 있는 물의 알칼리니티는 40ppm 이하였다.

용해도와 추출 효율

칼슘과 마그네슘 미네랄 함량은 알칼리니티 수준을 결정하고 물의 용해도를 변화시켜 커피 성분의 추출 효율에 영향을 미친다. 알칼리니티가 적절한 물은 커피의 다양한 화합물을 효과적으로 추출하여 풍부한 맛을 제공한다. 알칼리니티가 너무 낮거나 높은 물은 추출 효율을 떨어뜨려 커피 맛을 밍밍하게 하거나 신맛 또는 쓴맛을 강하게 만든다.

물의 탄산 경도와 스케일 형성

칼슘 미네랄은 물의 탄산 경도를 결정하며 이에 따라 커피 머신에 스케일이 형성될 수 있다. 스케일은 높은 온도에서 금속 표면에 형성되는 산화 피막으로 주로 탄산칼슘(CaCO3)에 의해 영향을 받는다. 탄산 경도가 높은 물은 커피 머신의 유지 보수를 어렵게 만들고 스케일 형성으로 인해 커피 맛에 부정적인 영향을 미친다. SCA에서는 물의 경도가 175ppm 이상일 때 스케일이 생성될 가능성이 크다고 가이드하고 있다.

한국의 대부분 지역은 연수 지역이고 수돗물을 사용하는 카페의 경우 탄산 경도가 일반적으로 40ppm 이하이다. 그러나 지하수를 사용하는 일부 지역에서는 석회질이 많은 물로 인해 탄산 경도가 높다. 커피 머신에 스케일이 발생하는 것은 피할 수 없는 문제이므로 맛있는 커피 맛을 유지하기 위해서는 정기적으로 스케일 제거를 위한 오버홀 작업을 진행하는 것이 필요하다.

🟤 최적의 커피 맛을 위한 알칼리니티 조성

물의 알칼리니티 조절

최적의 커피 맛을 유지하기 위해서는 물의 알칼리니티를 40~70ppm으로 적절히 조절하는 것이 중요하다. 한국의 대부분 지역은 물의 알칼리니티가 낮으므로 높여주어야 한다. 이를 위해 마그네슘 미네랄을 강화하는 '미네랄메이커 필터'를 사용하는 것이 효과적이다.

미네랄메이커. 필터는 마그네슘 알칼리이온 워터를 생성하고 알칼리니티를 적정 수준으로 높여준다. 이를 통해 커피 맛을 부드럽고 깔끔하게 하며 다양한 맛의 밸런스를 유지할 수 있다. 물의 알칼리니티는 KH 시약을 사용하여 측정한다.

나쁜 사례

서울의 어느 카페는 커피 머신의 스케일 형성을 우려하여 스케일 억제 필터를 사용하고 있었는데 물의 알칼리니티는 20ppm이었다. 이 물을 사용하여 추출한 커피는 밍밍하거나 신맛 또는 쓴맛이 강하게 되고 커피의 고소함과 단맛은 사라지게 된다. 이렇게 커피 맛이 제대로 올라오지 않으면 고객들은 그 매장에 다시 방문하지 않게 되고 결국은 카페 매출이 하락하게 된다.

좋은 사례

부산의 어느 카페는 수돗물의 염소를 제거하는 카본 필터를 사용하고 있는데 물의 알칼리니티는 25ppm이었다. 물의 알칼리니티를 높이기 위해 '미네랄메이커 필터'를 도입하여 물의 알칼리니티를 45~50ppm으로 높였다. 그 결과 커피 맛이 부드럽고 바디감이 풍부해졌는데 카페를 방문하는 고객들은 커피 맛이 좋다는 평가를 하게 됐고, 이를 통해 재방문율을 증가시킬 수 있었다.

98대 2의 게임은 물이 결정한다. 물속 미네랄은 커피의 맛과 품질에 매우 중요하다. 특히 칼슘과 마그네슘은 원두의 용해력과 추출 과정에 영향을 미치는 핵심 요소로 알칼리니티를 결정한다. 그러나 과도한 칼슘은 커피 머신에 스케일을 형성하여 문제를 일으킨다. 이를 방지하고 최상의 커피 맛을 유지하기 위해 마그네슘 미네랄을 강화하는 '미네랄메이커 필터'를 사용하는 것이 효과적이다.

카페 경영자는 물속 미네랄과 알칼리니티가 커피 맛에 미치는 영향을 깊이 이해하고 일정한 물 품질을 유지함으로써 고객들에게 항상 일관된 최고의 커피 맛을 제공할 수 있다는 점을 꼭 기억해야 한다.

물의 pH 조절로 완벽한 맛을 구현하라

커피 맛과 품질을 결정하는 데 있어서 물의 pH는 중요하다. 물의 pH는 커피 추출 과정에서 일어나는 화학적 상호작용을 통해 커피의 최종 맛에 직접적인 영향을 미친다. 물의 pH와 커피 맛 사이의 상관관계를 자세히 살펴보자.

🫘 물의 pH란?

pH 정의

pH는 수소이온농도를 측정하는 척도로 물의 산성도나 알칼리도를 나타낸다. pH 값은 0~14까지의 범위를 가지며 pH 7은 중성을 나타낸다. 산성은 pH 7 미만의 값을 가지며 수소이온농도가 높은 상태이다. 알칼리성은 pH 7 초과의 값을 가지며 수소이온농도가 낮은 상태(수산화 이온농도가 높은 상태)이다.

물의 pH 측정

물의 pH는 pH 측정기, pH 시험지, BTB 시약 등을 사용하여 측정할 수 있다. 정확한 pH 측정을 통해 물의 산성도나 알칼리도를 확인할 수 있다.

🫘 커피의 다양한 맛과 화학 성분

커피의 다양한 맛(신맛, 단맛, 쓴맛, 짠맛)은 여러 가지 화학 성분에 의해 결정된다. 각 맛을 내는 주요 화학 성분들은 다음과 같다.

신맛 (Acidity)

① 유기산: 시트락산, 말릭산, 퀸산, 아세트산 등이다.

② 클로로젠산: 로스팅 과정에서 분해되어 신맛을 더한다.

단맛 (Sweetness)

① 당류: 설탕, 과당, 포도당 등이 단맛을 주는 주요 성분이다. 특히, 로스팅 과정에서 당류가 캐러멜화되면서 단맛이 강해진다.

② 디스카라이드 및 다당류: 로스팅 전에 원두에 포함된 복합 탄수화물들이 단맛에 기여한다.

쓴맛 (Bitterness)

① 클로로젠산: 로스팅 과정에서 분해되며, 퀸산과 카페스톨, 카웨올 같은 성분들이 쓴맛을 유발한다.

② 카페인: 본래 쓴맛을 가지는 성분으로 커피의 쓴맛에 기여한다.

③ 페놀 화합물: 로스팅 과정에서 생성되어 쓴맛을 낸다.

짠맛 (Saltiness)

① 미네랄: 나트륨, 칼륨, 마그네슘 등의 미네랄 성분이 커피에 포함되어 있으며 이들이 짠맛을 유발할 수 있다. 특히 미네랄 성분은 커피의 물 성분에 크게 영향을 받는다.

❂ 산성물(pH7 미만)의 커피 맛 특징

물이 산성일 경우 커피 추출에 미치는 영향과 그로 인해 발생하는 커피 맛의 변화는 다음과 같다.

잘 추출되는 성분들

① 유기산: 산성물은 커피의 유기산을 더 잘 추출한다. 이는 커피의 신맛을 더 강하게 만든다.

② 클로로젠산: 산성 환경에서 클로로젠산의 분해가 촉진되며, 퀸산과

같은 산 성분이 더 잘 추출된다. 이 역시 신맛을 더 강하게 한다.

③ 당류: 산성물은 당류의 추출에도 영향을 미치지만 주로 신맛이 더 강하게 느껴지기 때문에 단맛은 상대적으로 덜 느껴진다.

잘 추출되지 않는 성분들

① 카페인: 산성물은 카페인의 추출을 억제할 수 있다. 이는 쓴맛을 줄일 수 있지만, 커피의 강도와 풍미에 영향을 미친다.

② 페놀 화합물: 이러한 성분들은 산성 환경에서 덜 용해된다. 이는 커피의 복잡한 쓴맛과 풍미를 약하게 한다.

③ 미네랄: 물에 포함된 미네랄은 산성물에서 덜 용해되어 커피의 짠맛이나 감칠맛에 영향을 미친다.

커피 맛의 변화

① 신맛 증가: 산성물은 유기산과 클로로젠산의 추출을 촉진하여 커피의 신맛을 더욱 두드러지게 한다.

② 단맛 감소: 신맛이 강해지면서 상대적으로 단맛이 덜 느껴진다.

③ 쓴맛 감소: 카페인과 페놀 화합물의 추출이 억제되면서 쓴맛이 줄어든다.

④ 균형 변화: 신맛이 강조되고 쓴맛과 단맛이 상대적으로 줄어들면서 커피의 전체적인 균형이 변한다.

산성물로 커피를 추출하면 신맛이 강조되고 쓴맛과 단맛이 줄어들며 커피의 전체적인 맛이 바뀐다. 산성물로 만든 커피가 더 밍밍하게 느껴지는 것은 주로 유기산 추출의 증가와 오일 및 용해성 고형물 추출의 감소 그리고 쓴맛의 억제와 관련이 있다. 이러한 요소들은 커피의 전체적인 바디감과 풍부함을 줄인다.

● 알칼리성 물(pH7 초과)의 커피 맛 특징

알칼리성 물로 커피를 추출하면 커피의 맛에 여러 가지 변화가 발생한다. 알칼리성 물은 커피의 추출에 영향을 미치며 이는 커피 맛에 변화를 준다.

잘 추출되는 성분들

① 카페인: 알칼리성 물은 카페인의 용해도를 높여 더 많은 카페인을 추출하게 한다. 이는 커피의 쓴맛을 증가시킨다.

② 페놀 화합물: 알칼리성 환경에서 페놀 화합물의 용해도가 높아지므로 이러한 성분들이 더 잘 추출되어 쓴맛과 복합적인 풍미가 증가한다.

잘 추출되지 않는 성분들

① 유기산: 알칼리성 물은 유기산의 추출을 억제하여 커피의 신맛을 줄인

다. 이는 시트락산, 말릭산, 퀸산 등의 산 성분이 덜 추출되는 것이다.

② 클로로젠산: 알칼리성 물은 클로로젠산의 분해를 억제하여 산 성분의 추출이 줄어든다. 이는 신맛을 줄이는 결과가 된다.

커피 맛의 변화

① 쓴맛 증가: 알칼리성 물은 카페인과 페놀 화합물의 추출을 촉진하므로 커피의 쓴맛이 강하게 느껴진다.

② 신맛 감소: 유기산과 클로로젠산의 추출이 억제되면서 커피의 신맛이 감소하게 된다.

③ 단맛 변화: 단맛이 더 추출되어 신맛이 줄어드는 변화된 맛이 된다.

④ 감칠맛: 알칼리성 물은 미네랄 성분의 용해도를 높여 감칠맛이 더 잘 느껴지게 한다. 이는 커피의 복합적인 맛을 깊고 풍부하게 만든다.

⑤ 부드럽고 깔끔한 맛: 알칼리성 물은 입자가 작은 특성이 있어서 커피를 추출하게 되면 부드럽고 깔끔한 커피 맛이 된다.

알칼리성 물로 커피를 추출하면 신맛이 줄어들고 쓴맛이 증가하며 감칠맛과 부드럽고 깔끔한 맛이 더 두드러진다. 각각의 커피 원두에는 고유의 맛이 담겨 있으며, 부드러움, 신맛, 쓴맛, 단맛 등의 밸런스가 존재한다. 알칼리성 물을 통해 원두 고유의 맛을 살릴 수 있으며, 깔끔한 커피 맛을 만들 수 있다. 이 물을 사용하여 신맛을 더 높이고 싶을 때는 물 온도를 낮추어 추출하는 방법을 적용한다.

✦ 최적의 pH 범위와 커피 맛

이상적인 pH 범위

지금까지 커피 추출에 이상적인 수소이온농도는 pH 6.0~8.0으로 알려져 왔다. 그러나 필자가 전국의 카페를 방문하여 비교 실험한 결과 '미네랄메이커 필터'로 생성한 pH 8.0~9.0의 마그네슘 알칼리이온 워터가 최상의 커피 맛을 낸다는 것을 확인했다. 이 물로 추출한 커피는 부드럽고 풍부한 맛의 균형이 잘 맞아 기존의 pH 범위에서 추출된 커피보다 더욱 깔끔하고 깊은 풍미가 있었다.

최적의 커피 맛을 위한 알칼리니티와 pH

커피 맛은 물의 알칼리니티와 수소이온농도(pH)에 따라 크게 달라진다. 매일 아침 많은 카페에서 밍밍한 맛, 찌르는 신맛, 강한 쓴맛, 혹은 텁텁한 커피 맛 때문에 고민이 많다. 이러한 문제는 대부분 물의 알칼리니티 수준이 낮으므로 발생한다.

SCA는 이상적인 물의 알칼리니티를 40~70ppm으로 가이드하고 있지만, 한국 대부분 지역에 있는 카페에서 사용하는 물의 알칼리니티는 40ppm 이하이다. 알칼리니티가 낮을 때 커피 맛이 밍밍해지거나 찌르는 신맛이 강조된다. 이를 개선하기 위해 업도징을 시도하면 오히려 강한 쓴맛이나 텁텁한 맛이 나타나게 된다.

또한, 일부 지역에서는 물의 알칼리니티가 40ppm을 초과하지만, 커피 맛이 충분히 살아나지 않는 경우가 있다. 이는 물의 수소이온농도가 원인이므로 pH를 적절히 조절해 높여주면 문제를 해결할 수 있다.

필자는 전국의 카페를 방문하여 물 품질과 커피 맛 분석 컨설팅을 진행하면서 커피 맛에 대한 과학적 지식과 경험적인 체험을 새롭게 정립했다. 최상의 커피 맛을 내기 위한 물의 알칼리니티는 40~70ppm이고, 수소이온농도는 pH 8.0~9.0이다.

과거에는 수소이온농도를 효과적으로 조절하는 방법이 없었지만, 필자가 개발한 '미네랄메이커 필터'는 최상의 커피 맛을 위한 알칼리니티와 수소이온농도(pH) 수준을 제공한다. 이 필터를 사용하고 있는 카페 경영자들은 커피 맛에 대한 만족도가 매우 높다. 가정 또는 직장에서 이루어지는 홈 카페에서는 '미네랄메이커 워터보틀'을 사용해도 같은 효과를 얻을 수 있다.

이처럼 물의 수소이온농도(pH)는 알칼리니티와 함께 커피의 맛과 품질에 큰 영향을 미친다는 것을 꼭 기억해야 한다.

수소이온농도 (pH) 스펙트럼

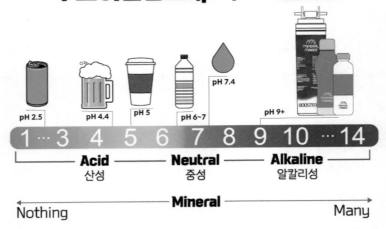

'미네랄메이커 필터'는 최상의 커피 맛을 위한
알칼리니티와 수소이온농도(pH) 수준을 제공한다.
이 필터를 사용하고 있는 카페 경영자들은
커피 맛에 대한 만족도가 매우 높다.

풍미를 위해 물 조건을 최적화하라

커피의 풍미와 품질은 많은 요소에 의해 결정되지만, 그중에서도 물의 역할이 중요하다. 커피 추출에 사용되는 물의 화학적 및 물리적 특성은 커피의 풍미와 최종 맛에 큰 영향을 미친다. 커피 추출에 적합한 물의 조건에 대해 자세히 살펴보자.

∅ 물의 화학적 조건

경도 (Hardness)

경도는 물속에 포함된 칼슘과 마그네슘 이온, 기타 이온 등의 농도로 결정된다. 커피 추출에 적합한 물의 경도는 50~175ppm이다. 적절한 경도는 커피의 풍미를 풍부하게 하고, 바디감을 향상한다. 반면 너무 높은 경도는 커피 머신에 스케일을 형성하고 너무 낮은 경도는 밍밍한 커피 맛을 초래한다. 경도가 175ppm 이상이면 커피 맛이 지나치게 강하고 떫어질 수 있으며 50ppm 이하일 때는 커피 맛이 밍밍하고 약해진다. 물의 경도는 GH 시약으로 측정한다.

알칼리니티 (Alkalinity)

알칼리니티는 물의 산을 중화할 수 있는 능력을 나타내는 개념인데 물속에 존재하는 중탄산염(HCO_3^-), 탄산염(CO_3^{2-}), 수산화물(OH^-)과 같은 염기성(알칼리성) 이온들의 총 농도로 측정된다. 커피 추출에 적합한 물의 알칼리니티는 40~70ppm이다. 알칼리니티는 커피의 산미를 중화시키고 맛의 균형을 유지한다. 적절한 알칼리니티는 커피의 풍미를 안정시키고 과도한 산미를 억제한다. 알칼리니티는 KH 시약으로 측정한다.

pH (수소이온농도)

pH는 물의 산성도나 알칼리니티를 나타내는 지표이다. 지금까지 커피 추출에 적합한 물의 수소이온농도는 pH 6.0~8.0이라고 알려져 왔지만, 필자가 전국의 카페를 방문하여 실험한 결과 pH 8.0~9.0일 때 최적의 커피 맛을 내고 있음을 확인했다. 적절한 pH는 커피의 다양한 맛 요소를 균형 있게 추출한다. 너무 낮은 pH는 커피의 산미를 과도하게 강조하고, 너무 높은 pH는 커피의 쓴맛을 증가시킨다. 수소이온농도는 BTB 시약으로 측정한다.

총용존고형량 (Total Dissolved Solids, TDS)

TDS는 물속에 용해된 모든 고형물의 총량을 나타낸다. 커피 추출에 적합한 물의 TDS는 75~250ppm이다. 적절한 TDS 수준은 커피의 맛을 풍부하게 하고 균형 잡힌 추출을 할 수 있게 해준다. 너무 낮은 TDS는 커피 맛을 약하게 만들고 너무 높은 TDS는 과도한 쓴맛을 초래한다.

위에 열거한 물의 화학적 조건들은 서로 연관된 것이므로 카페에서는 알칼리니티와 수소이온농도(pH) 등 두 가지 분석을 통해 물 품질의 적정 수준을 유지할 때 최적의 커피 맛을 낼 수 있다.

✿ 물의 물리적 조건

온도

물의 온도는 커피 추출 과정에서 중요하다. 커피 추출에 적합한 물의 온도는 90~96℃이고 적절한 온도는 커피의 다양한 화합물을 효과적으로 추출할 수 있게 한다. 너무 낮은 온도는 커피의 산미와 향미를 충분히 추출하지 못하고 너무 높은 온도는 쓴맛과 떫은맛을 증가시킨다.

청결도

물의 청결도는 커피 맛에 직접적인 영향을 미친다. 물은 불순물, 염소,

오염 물질 등이 제거된 깨끗한 상태여야 한다. 깨끗한 물은 커피의 본연의 맛을 유지하지만, 불순물이나 오염 물질이 포함된 물은 커피 맛을 망친다. 카본 필터는 수돗물의 염소는 제거시킬 수 있지만, 미세 이물질은 제거하지 못하므로 물 품질을 높이는 정수 필터 시스템 도입이 필요하다. 최상의 커피 맛을 위해 물의 청결도를 유지하는 것이 중요하다.

커피의 풍미와 품질에 결정적인 영향을 미치는 요소 중 하나는 바로 물의 조건이다. 적절한 경도, 알칼리니티, pH(수소이온농도), TDS(총용존고형량), 온도, 그리고 청결도를 유지함으로써 커피의 다양한 풍미를 균형 있게 추출할 수 있다. 정수 필터 시스템을 사용하고 정기적인 물 테스트와 관리를 통해 최상의 물 상태를 유지하는 것은 품질 좋은 커피를 위해 꼭 필요하다.

카페 경영자는 커피 풍미를 위한 물의 조건을 깊이 이해하고 이를 통해 고객에게 일관되고 고급스러운 품질의 커피를 제공할 수 있다. 과학적 접근을 통해 물의 조건을 최적화함으로써 최상의 커피 맛을 구현할 수 있다.

미네랄메이커로 커피의 품격을 높여라

최상의 커피를 만들기 위해서는 원두뿐만 아니라 물의 품질이 매우 중요하다. 수돗물의 염소와 물속 불순물, 미네랄 함량 등은 커피 맛에 결정적인 영향을 미친다. 따라서 정수 과정을 통해 깨끗하고 최적의 물을 사용하는 것이 필수적이다. 최상의 커피 맛을 위해 필요한 정수 방법을 자세히 살펴보자.

✔ 물의 품질을 결정하는 정수 필터 이해

카본 필터 (Activated Carbon Filter)

카본 필터는 주로 활성탄을 주원료로 사용한다. 활성탄은 숯이나 코코넛 껍질 등의 재료를 고온에서 처리하여 만들어지며 미세한 기공(구멍)이 많은 구조로 되어 있다. 활성탄은 매우 높은 표면적을 가지고 있어 물속의 다양한 화학 물질과 불순물을 흡착할 수 있다.

일반적으로 과립형 활성탄과 블록형 활성탄 형태로 사용된다. 과립형 활성탄은 미세한 활성탄 입자로 구성되어 물의 흐름을 자유롭게 하며, 화학 물질 제거에 효과적이다. 블록형 활성탄은 압축된 활성탄 블록으로 구성되어 있어 더 작은 입자와 미세한 오염 물질을 걸러낼 수 있다. 현재 과립형 활성탄 필터 방식보다는 블록형 활성탄 필터 방식 사용이 증가하고 있다.

카본 필터의 주요 기능은 물속의 불순물, 염소, 유기 화합물, 냄새 등을 제거하고 물맛을 좋게 하는 것이다. 카본 필터는 카페에서 기본적으로 사용하는 정수 필터이다.

역삼투압(RO) 필터 (Reverse Osmosis Filter)

역삼투압 필터는 $0.0001 \sim 0.001 \mu m$의 반투과성 막을 통해 물속에 용해된 고형물, 콜로이드, 미네랄 이온, 세균, 바이러스 등을 모두 필터링한다. RO 필터는 물의 경도와 TDS 수준을 낮추는 데 효과적이지만 정수 특성상 필터를 사용하게 되면 정수한 물과 폐수 물을 나누게 되는 데, 폐수 물은 그대로 버려지게 되어 물 낭비가 많은 단점이 있다. 역삼투압 필터를 사용하면 미네랄이 없는 산성수가 만들어지게 되고 물의 알칼리니티를 낮추게 되어 신맛이 강한 커피를 만들게 된다.

UF 필터 (Ultra filtration Filter)

UF 필터는 0.01~0.1㎛의 초미세 섬유막으로 주로 폴리설폰 재질로 만든다. 물이 초미세 섬유막을 통과하면서 막의 미세한 구멍이 물속의 불순물, 박테리아, 바이러스, 콜로이드 입자 등을 걸러내게 된다. 하지만 미네랄 이온은 필터링하지 않고 통과시킨다. UF 필터는 물의 미세 오염 물질을 효과적으로 제거하여 깨끗한 물을 제공하므로 다양한 환경에서 사용되고 있다.

이온교환 필터 (Ion Exchange Filter)

일명 스케일 억제 필터라고 불리고 있는데 물속의 경도를 높이는 칼슘, 마그네슘 미네랄을 나트륨 또는 칼륨 이온으로 교환하여 물의 경도를 낮추는 필터이다. 이 필터는 석회질이 많아 물의 경도가 높은 유럽, 미주 등에서 물의 경도를 낮추기 위해서 사용하기에 적합하다. 커피 머신의 스케일 형성을 낮추고 물을 부드럽게 하지만 나트륨 이온이 많은 물을 마시게 되면 위장이 불편할 수 있으므로 조금씩 마시는 것이 권장된다. 한국은 물의 미네랄이 적은 연수 지역임에도 불구하고 이온교환 필터를 사용하는 경우가 많은데, 이는 물의 알칼리니티를 더 낮추게 되어 커피 맛도 덩달아 더 나쁘게 한다.

미네랄메이커 필터 (Mineral Maker Filter)

미네랄메이커 필터는 마그네슘 알칼리이온 워터를 생성하여 물속의 마그네슘 미네랄을 증가시켜 알칼리니티를 올리고 물의 수소이온농도(pH)를 알칼리성으로 만드는 기능성 필터이다. 한국 대부분 지역은 알칼리니티가 40ppm 이하인데 이 필터를 사용하면 SCA에서 안내하는 알칼리니티의 권장 수치인 40~70ppm으로 알칼리니티를 끌어올릴 수 있다. 또한, 수소이온농도를 pH 8.0~9.0으로 만들어 그 원두 고유의 부드럽고 다양한 맛(산미, 고소한 맛, 단맛 등)을 살릴 수 있고, 밸런스가 있는 깔끔한 커피 맛을 만들 수 있게 된다.

카페에서 최상의 커피 맛을 내려면 최적의 물을 사용해야 한다. 이를 위하여 물 품질을 결정하는 각 정수 필터의 기능을 올바르게 이해하고 적절히 사용해야 한다. 필자가 전국의 카페를 방문할 때마다 물의 알칼리니티를 낮추는 이온교환 필터(스케일 억제 필터)를 사용하고 있는 카페를 많이 보았다. 그 카페 경영자들은 커피 머신의 스케일 생성을 낮추겠다고 사용하고 있었지만, 커피 맛이 나빠짐으로 인해 고객들이 떠나고 있다는 심각한 상황을 놓치고 있었다. 그리고 물의 알칼리니티가 40ppm 이하일 때 커피 맛이 나빠지는 것과 함께 커피 머신이 부식될 수 있다는 것도 모르고 있었다.

🌰 한국 카페의 최적 정수 필터 시스템: 미네랄메이커 필터 적용

한국의 물 품질 수준을 이해하면 최상의 커피 맛을 위한 최적의 정수 필터 시스템을 만들 수 있다. 한국의 물은 미네랄이 적음으로 인해 평소에도 커피 맛이 흔들리지만, 비가 많이 내리고 나면 물의 미네랄이 더 적어지고 산성화되어 커피 맛을 세팅하기가 더 어렵다. 이때 커피 맛은 밍밍하거나 찌르는 신맛 등이 나타나서 이를 바꾸려고 원두 도징량을 증가시키지만, 오히려 텁텁한 커피 맛 또는 강한 쓴맛이 되어 버린다. 최상의 커피 맛을 내기 위해 미네랄메이커 정수 필터 시스템을 사용하면 간단히 해결된다.

1단계, 전처리 SD 필터

수도배관 이물질, 물속의 불순물, 작은 고형물(지하수의 경우 미세 모래) 등을 걸러주는 전처리 필터이다. 시중에서 판매되고 있는 전처리 필터의 공경은 1~10㎛ 등으로 다양하다. 공경에 따라 걸러주는 입자 크기가 다양하므로 적절한 공경의 전처리 필터를 선택한다. 수도배관이 노후화되었거나 지하수를 사용하고 있다면 전처리 필터를 꼭 사용해야 한다. 미네랄메이커 SD 필터는 1㎛ 이상의 이물질을 걸러주는 전처리 필터이다.

2단계, 미네랄메이커 부스터 필터

마그네슘 알칼리이온 워터를 생성하여 알칼리니티와 수소이온농도(pH)를 변화시키는 기능성 필터이다. 물의 알칼리니티를 40~70ppm, 수소이온농도를 pH 8.0~9.0 수준으로 만들어 주어 물을 알칼리성으로 바꾸어주고, 이를 통해 원두 용해성과 추출력을 높여준다. 찌르는 신맛과 강한 쓴맛을 조절하여 부드럽고 다양한 맛의 밸런스가 있는 깔끔한 커피 맛을 만들어 주는 미네랄메이커 부스터 필터이다. 밍밍한 커피 맛 때문에 증가시킨 원두 도징량을 줄일 수 있고 그로 인해 추가 매출을 올릴 수 있다.

3단계, TUF 복합 필터

물의 맛과 품질을 높이는 복합 필터로 0.1㎛ 이상의 미세 이물질, 바이러스, 박테리아 등을 걸러주는 폴리설폰 소재와 수돗물의 염소, 냄새 등을 제거하는 블록형 카본 필터로 구성되어 있다. 일반적으로 커피 머신에 카본 필터 1개만을 사용하고 있는 카페들이 많이 있는데 블록형 카본을 사용하면 약 10㎛ 정도의 입자를 걸러내는 수준으로 물 품질이 그다지 높지 않다. 반면 미네랄메이커 TUF 필터는 0.1㎛의 미세 이물질과 바이러스, 박테리아 등을 걸러내는 복합 필터 방식이므로 물의 품질을 더 높게 업그레이드할 수 있다.

✿ 미네랄메이커 필터가 커피 맛을 높이는 이유

미네랄메이커 필터가 생성한 마그네슘 알칼리이온 워터로 에스프레소 커피를 추출하면 쓴맛이 줄어들고 단맛이 올라와서 커피 맛이 좋아지게 되는데, 그 이유는 다음과 같다.

마그네슘의 역할: 알칼리니티 개선

마그네슘은 커피의 추출 과정에서 매우 중요한 역할을 하는 알칼리니티를 높인다. 이에 따라 마그네슘 이온은 커피에서 단맛과 향미를 더욱 강화시킨다. 마그네슘 이온은 커피의 당류와 결합하여 단맛을 증폭시키고 커피의 향을 더 복합적으로 만든다. 또한, 마그네슘은 커피의 산미와 쓴맛 사이의 균형을 잡아주는 역할을 한다. 결과적으로 커피의 쓴맛이 감소하고 단맛이 더 돋보이게 된다.

알칼리성 미네랄워터의 영향

알칼리성 미네랄워터는 커피의 산미를 조절하여 커피가 더 부드럽고 둥근 맛을 가지게 한다. 미네랄메이커 필터가 생성한 pH 8.0~9.0의 물은 커피의 산미를 조절하는 동시에 쓴맛이 지나치게 강조되지 않도록 해주며 커피의 전체적인 균형을 잡아준다. 쓴맛은 커피의 특정 화합물들이 과도하게 추출될 때 더 강하게 나타나는데 알칼리성 물은 이러한 추출을 조절하여 쓴맛을 줄인다.

미네랄메이커 필터의 효과

미네랄메이커 필터는 물에 적절한 미네랄을 추가하여 물의 균형을 맞춘다. 특히 마그네슘이 포함된 알칼리이온 워터는 커피의 자연스러운 단맛을 강조하고 다른 원치 않는 맛을 억제한다. 이 필터링 과정에서 불필요한 불순물이나 과도한 성분이 제거되어 커피의 맛이 더욱 깔끔해지고 정제된 맛을 내게 된다.

균형 잡힌 추출

알칼리성의 마그네슘 이온 워터는 커피의 추출 과정을 안정화시켜 다양한 성분들을 균형 있게 추출할 수 있게 해준다. 이는 커피의 복합적인 향미와 풍미를 잘 유지하면서도 쓴맛을 줄이고 단맛을 돋보이게 만든다. pH 8.0~9.0의 마그네슘 알칼리이온 워터를 사용함으로써 쓴맛은 줄이고 단맛을 강조할 수 있으며, 전체적인 커피 맛을 더 균형 잡히고 좋아지게 할 수 있다.

이는 마그네슘의 단맛 증폭 효과, 알칼리성의 산미 및 쓴맛 조절 효과, 그리고 미네랄메이커 필터를 통해 물의 품질을 개선시킨 결과이다. 이러한 요인들이 조화를 이루어 에스프레소의 관능적 특성을 향상시킨다.

✔ 카페 설비별로 사용하는 정수 필터 및 유지관리 방법

커피 머신, 온수기

커피 머신과 온수기에 사용하는 물은 커피 맛에 직접 영향을 미치게 되므로 3가지 필터(미네랄메이커 SD, 부스터, TUF 필터)를 모두 연결하여 3단계 정수 필터 시스템으로 사용하는 것이 권장된다. 신축된 건물에서 수돗물을 사용하는 경우 1단계 전처리 SD 필터 사용이 생략되기도 하지만 노후화된 수도배관이거나 지하수를 사용하고 있다면 전처리 SD 필터를 사용해야 부스터 필터와 TUF 필터의 기능과 성능을 안정적으로 유지할 수 있다.

제빙기

제빙기는 물 소비가 많으므로 경제적, 효율성 등을 고려하여 2가지 필터(미네랄메이커 SD, TUF 필터)를 사용한다. 신축된 건물에서 수돗물을 사용할 때는 1단계 전처리 SD 필터 사용을 생략해도 된다.

고객용 음수대

고객들이 커피를 마신 후 발생할 수 있는 이뇨 작용으로 인한 탈수와 위장 장애 등의 방지를 위해 마그네슘 알칼리이온 워터를 제공하면 좋다. 이를 위해 3가지 필터(미네랄메이커 SD, 부스터, TUF 필터)를 사용하여 물 품질을 업그레이드시키고 고객에게 좋은 물을 제공하고 있다는 고급스러움을 홍보하여 고객 재방문율을 높일 수 있다.

정기적인 필터 교체

각 필터의 수명은 물의 환경과 사용량 등에 따라 다르며 정기적인 교체가 필요하다. 제조사의 권장 주기에 따라 필터를 교체하고 필터의 상태를 정기적으로 점검하여 누수 유무도 확인한다. 이를 통해 일관된 물의 품질을 유지하고 커피 맛의 일관성을 보장할 수 있다.

정기적인 물 테스트

물의 알칼리니티, pH(수소이온농도), TDS 등을 정기적으로 측정하고 물의 품질 수준을 모니터링하여 물의 품질 변화를 조기에 발견하고 적절한 조처를 한다. 특히 비가 많이 내린 날은 산성비로 인해 물 품질이 더욱 저하된 상태이므로 물 테스트를 꼭 해야 한다. 이를 위해 KH 시약(알칼리니티 테스트), BTB 시약(pH 테스트), TDS(물의 총용존고형량) 측정기, TDS(커피 농도) 측정기 등을 갖춰 놓는다. 이를 통해 물을 간단히 과학적으로 분석하여 고객들이 커피잔을 모두 비우는 맛있는 커피 맛을 세팅할 수 있다.

고급 승용차가 최상의 주행 성능을 유지하려면 고급 휘발유가 필요하듯 최상의 커피를 만들기 위해서는 최고의 커피 머신과 함께 최적의 물이 필요하다. 아무리 비싼 커피 머신을 갖추고 있더라도 물의 품질이 좋지 않다면 커피 맛은 크게 저하된다. 적합하지 않은 고가의 필터나 저렴한 정수 필터를 사용하여 나쁜 커피 맛을 만들어 낸다면, 고객들은 카페에 와서 소중한 시간을 낭비한다는 느낌을 받을 수 있다.

커피 맛의 품격을 높이기 위하여 최적의 정수 필터 시스템을 구축하는 것은 필수이다. 이는 단순히 장비의 문제가 아니라 진정으로 감동적인 커피 경험을 선사하기 위한 핵심이다. 최고 품격의 커피를 위한 올바른 물 관리는 바로 그 출발점이 된다.

카페용 정수 필터 세트

(왼쪽부터 미네랄메이커 SD, 부스터, TUF 필터)

홈카페용 워터보틀

(미네랄메이커 모르비도 500mL)

(미네랄메이커 미니 250mL)

한국의 물은 미네랄이 적음으로 인해 평소에도
커피 맛이 흔들리지만, 비가 많이 내리고 나면 물의 미네랄이
더 적어지고 산성화되어 커피 맛을 세팅하기가 더 어렵다.
최상의 커피 맛을 내기 위해 미네랄메이커
정수 필터 시스템을 사용하면 간단히 해결된다.

추출 온도로 맛의 진가를 발휘하라

커피 추출에서 물의 온도는 커피 맛에 큰 영향을 미친다. 적절한 온도는 커피의 다양한 화합물을 최적으로 추출하게 하여 풍부한 맛과 향을 제공한다. 물의 온도가 커피 맛에 미치는 영향을 자세히 살펴보자.

⚬ 물의 온도와 커피 추출의 과학적 원리

추출 효율

커피 추출 과정에서 물의 온도는 커피 가루 속의 다양한 화합물의 용해도를 결정한다. 높은 온도는 커피 속의 화합물을 빠르게 용해해 추출 효율을 높인다. 반대로 낮은 온도는 추출 속도를 느리게 하고 특정 화합물의 용해를 억제할 수 있다.

화학적 반응

물의 온도는 커피 추출 중에 일어나는 화학적 반응의 속도에 영향을 미친다. 고온의 물은 화학 반응을 가속하여 더 많은 향미 화합물을 생성하지만, 과도한 온도는 쓴맛과 떫은맛을 유발한다. 반대로 낮은 온도는 이러한 반응을 억제하여 부드럽고 미묘한 맛을 제공한다.

● 최적의 물 온도 범위

적절한 온도 범위

커피 추출에 이상적인 물 온도 범위는 90~96℃이다. 이 범위의 온도에서 물은 커피의 다양한 화합물을 균형 있게 용해시키고, 풍부하고 복합적인 맛을 제공하게끔 해준다.

온도가 높은 경우

물의 온도가 96℃ 이상일 때 커피의 쓴맛과 떫은맛이 강해질 수 있으며 향미가 과도하게 추출되어 밸런스가 깨지게 된다. 이렇게 되면 커피 맛이 너무 강해지거나, 신맛이 약화되어 불쾌한 쓴맛이 지배적으로 느껴지게 될 수 있다.

온도가 낮은 경우

물의 온도가 90℃ 이하일 때 커피의 신맛이 강조되며 전체적인 맛은 약하고 밍밍해진다. 충분한 향미 화합물이 추출되지 않아 향과 맛이 부족해질 수 있다.

그러나 필자의 실험에 의하면 미네랄메이커 필터가 만든 마그네슘 알칼리이온 워터를 사용해 드립 커피를 내릴 때는 85℃의 물에서도 산미와 후미가 풍부한 맛을 선사할 수 있었다. 이는 사용하는 물의 특성에 따라서 적용 온도가 달라져야 함을 의미한다.

☕ 물 온도와 커피 맛의 상관관계

고온 추출의 특성

물의 온도가 94~96℃일 때 커피의 쓴맛과 단맛을 강화하고 풍부한 바디감과 진한 향미를 제공한다. 에스프레소 추출에서는 높은 온도가 적합하며 이를 통해 강한 맛과 크레마를 형성한다.

중온 추출의 특성

물의 온도가 90~94℃일 때 커피의 산미와 단맛의 균형을 맞추어 밝고 생동감 있는 맛을 제공할 수 있다. 드립 커피나 프렌치 프레스 추출에서는 중간 온도가 적합하며 복합적인 향미와 부드러운 질감을 제공할 수 있다.

저온 추출의 특성

물의 온도가 80~90℃일 때 커피의 신맛이 강조되며 부드럽고 미묘한 맛을 제공할 수 있다. 콜드 브루 추출에서는 저온이 적합하며 부드러운 맛을 제공할 수 있다.

◑ 다양한 추출 방법에서의 물 온도

에스프레소

적정 온도는 92~96℃이고 높은 압력과 짧은 추출 시간으로 인해 높은 온도가 적합하며 강한 맛과 크레마를 형성한다.

드립 커피

적정 온도는 90~94℃이고 커피의 다양한 향미와 복합적인 맛을 균형 있게 추출한다. 스페셜티 커피를 드립하는 경우 산미를 강조하기 위해 85~89℃의 물을 사용한다.

프렌치 프레스

적정 온도는 90~96℃이고 긴 담근 시간과 함께 높은 온도가 커피의 풍부한 바디감과 강한 맛을 제공한다.

콜드 브루

적정 온도는 4~10℃ (냉수)이고 저온에서 긴 시간 동안 추출하여 신맛과 쓴맛이 적고 부드러운 질감을 가진다.

물의 온도는 커피의 맛과 품질을 결정짓는 중요한 요소이다. 적절한 온도는 커피의 다양한 화합물을 균형 있게 추출하여 풍부하고 복합적인 맛을 제공한다. 각 추출 방법에 맞는 최적 온도를 유지함으로써 우리는 커피의 진정한 매력을 최상으로 구현할 수 있다. 물의 온도를 과학적으로 최적화함으로써 고객에게 일관되면서도 고품질의 커피를 제공하는 것이야말로 맛의 진가를 발휘하는 것이다.

지역의 물 특성에 맞추어 맛을 완성하라

물은 커피 성분의 대부분을 차지하고 있다는 것은 이미 널리 알려진 사실이다. 물의 경도, 알칼리니티, pH(수소이온농도) 등 물의 특성은 지역에 따라 다르고 커피 맛과 품질에 결정적인 영향을 미친다. 지역별 물의 특성은 커피 맛에 미묘한 변화를 일으켜 각기 다른 물이 만들어 내는 커피의 풍미를 경험할 수 있다. 이를 통해 커피 한 잔에 담긴 깊이 있는 이야기를 만날 수 있다. 각 지역의 물 특성과 그것이 커피 맛에 미치는 변화를 살펴보자.

🫘 국가별 물의 특성과 커피 맛의 특징

북유럽 (스웨덴, 핀란드)

북유럽 지역의 물은 대체로 부드럽고(낮은 경도), 수소이온농도(pH)가 중성에 가까운 경우가 많고 미네랄 함량도 비교적 낮다. 이렇게 부드러운 물은 커피의 섬세한 향과 맛을 잘 살려줄 수 있다. 커피의 신맛과 과일 향이 강조되며 전반적으로 깨끗하고 깔끔한 맛을 제공한다.

중부 유럽 (독일, 체코)

중부 유럽의 물은 대체로 경도가 중간에서 높은 편이며 미네랄 함량이 풍부하다. 수소이온농도(pH)는 중성에서 약알칼리성이다. 중간에서 높은 경도의 물은 커피의 바디감과 깊이를 더해준다. 단맛과 쓴맛이 잘 어우러지며 풍부하고 강한 맛을 제공한다. 스케일 문제로 인해 커피 머신의 유지 보수에 신경을 써야 한다.

남유럽 (이탈리아, 스페인)

남유럽의 물은 경도가 높고 미네랄 함량이 매우 풍부하다. 수소이온농도(pH)는 중성에서 약알칼리성이다. 높은 경도의 물은 에스프레소와 같은 강한 커피에 적합하며 풍부한 크레마와 강한 바디감을 제공한다. 쓴맛과 단맛이 강조되며 매우 강렬한 맛을 즐길 수 있다.

북미 (미국, 캐나다)

북미 지역의 물은 지역에 따라 다양하지만 대체로 경도가 중간에서 높은 편이며 수소이온농도(pH)는 중성에 가깝다. 중간에서 높은 경도의 물은 커피의 풍미를 잘 살려주며 단맛과 쓴맛의 균형을 제공한다. 경도가 높은 지역의 물은 강한 맛을, 경도가 낮은 지역의 물은 깨끗하고 부드러운 맛을 제공한다.

아시아 (한국, 일본)

아시아의 많은 지역에서는 물의 경도가 낮고 수소이온농도(pH)는 중성에 가까운 경우가 많다. 경도가 낮은 가벼운 물은 커피의 섬세한 향과 맛을 잘 살려주며 신맛과 과일 향이 강조되고 깨끗하고 깔끔한 맛을 제공한다.

오세아니아 (호주, 뉴질랜드)

오세아니아의 물은 경도가 중간 정도이며 수소이온농도(pH)는 중성에 가깝다. 중간 경도의 물은 커피의 다양한 맛 요소를 잘 균형 있게 추출해 준다. 단맛, 신맛, 쓴맛이 조화롭게 어우러지며 풍부한 바디감을 제공한다.

위에 설명한 국가별 물의 특성과 커피 맛의 변화는 일반적인 특성을 정리한 내용이다. 그러므로 실제 지역별 카페에 공급되는 수돗물 또는 지하수의 알칼리니티와 수소이온농도(pH)에 따라 커피 맛이 달라진다. 특히 환경오염으로 인해 이산화탄소 배출량이 점점 증가함에 따라 지구 온난화

가속으로 인해 산성비가 많이 내리고 있어서 물 품질 수준은 점점 더 낮아지고 있다.

🫘 한국의 지역별 물 특성과 커피 맛

경상도, 전라도, 충청도, 제주도 지역

이 지역들은 커피 맛을 결정하는 물의 알칼리니티는 17~44ppm으로 SCA(스페셜티커피협회)에서 가이드하는 물의 알칼리니티 40~70ppm 대비 낮은 수준이다. 그리고 물의 수소이온농도(pH)는 약산성 또는 중성으로 원두 고유의 커피 맛을 제대로 추출할 수 없는 물 품질 수준이다. 이 물로 커피를 추출하면 산미가 있는 원두는 찌르는 신맛이 강해지고, 고소한 맛의 원두는 쓴맛이 강하게 나타난다.

특히 비가 많이 내릴 때는 물의 알칼리니티가 더 낮아지고 수소이온농도(pH)는 약산성 쪽으로 기울어 커피 맛이 밍밍해진다. 이를 방지하기 위해 원두량을 늘리는 업도징을 하게 되면, 이로 인해 커피 맛이 올라가기는커녕 오히려 텁텁해진 커피 맛이 될 수 있다.

지하수를 사용하고 있는 해안지역 또는 산악지역에 있는 카페에서는 강한 쓴맛이 발생하는 커피가 많은데, 이는 물속에 있는 질산성 질소 또는 황산이온의 양이 많을 때 나타나는 현상이다. 이는 카페에서 정기적으로 진행하고 있는 수질검사 성적서를 살펴보면 알 수 있다. 이럴 때는 지하수에 있는 질산성 질소 또는 황산이온을 제거하는 정수 필터 시스템을 구축하여 물 품질을 높일 수 있지만, 투자비가 많이 소요되므로 충분한 검토가 필요하다.

필자는 지하수를 사용하는 카페에서 쓴맛이 강한 커피를 개선하기 위해 미네랄메이커 필터를 간단히 설치한 후 커피 맛이 한층 부드럽고 균형 잡히게 변한 사례를 여러 번 확인했다.

또한, 전국 카페의 물 품질과 커피 맛 분석 컨설팅 시 확인한 것은 물의 알칼리니티가 40ppm 이하로 낮음에도 불구하고 커피 머신의 스케일을 억제한다는 정수 필터를 사용하고 있는 카페를 가끔 만났다는 것이다. 그때마다 스케일 억제 필터는 커피 맛을 올리기가 어려우므로 철거하도록 안내했다. 그리고 미네랄메이커 필터를 연결하여 물의 알칼리니티를 높이고 수소이온농도(pH)를 알칼리성으로 바꾸어 커피 맛을 높였다. 그리고 물의 알칼리니티가 40ppm 이하일 경우에는 커피 머신에 부식이 생길 수 있다는 SCA의 가이드를 알려주었다.

서울, 경기도 지역

이 지역들은 커피 맛을 결정하는 물의 알칼리니티가 35~53ppm, 물의 수소이온농도(pH)는 약산성 또는 중성으로 원두 고유의 커피 맛이 흔들리는 경우가 많았다. 물의 알칼리니티 40ppm 이하의 지역은 앞에서 설명한 경상도, 전라도, 충청도 지역과 같이 물 특성과 커피 맛이 유사하다. 40ppm을 초과한 지역은 날씨가 좋은 시기에는 커피 맛을 어느 정도 유지하다가 비가 내리기만 하면 물의 알칼리니티가 낮아지고 산성화되어 커피 맛이 떨어지게 된다.

또한, 물의 알칼리니티가 40~60ppm 수준임에도 불구하고 커피 맛이 제대로 올라오지 않는 카페들을 종종 만났는데 이때는 미네랄메이커 필터를 사용해 물의 알칼리니티를 올리고 수소이온농도(pH)를 알칼리성으로 바꾸어 커피 맛을 높일 수 있었다.

각 지역의 물 특성은 커피 맛에 큰 영향을 미친다. 특히 물의 알칼리니티와 수소이온농도(pH)는 커피 맛과 향을 결정짓는 매우 중요한 요소이다. 카페 경영자에게는 이러한 물의 중요성을 이해하고 지역에 따른 물 특성에 맞추어 고품질의 커피 맛을 완성하려는 노력이 필요하다. 과학적 접근을 통해 물의 품질을 최적화함으로써 최고의 커피 맛을 구현할 수 있다.

전국 카페 성공 비결: 커피 맛의 차별화

"커피는 단순히 한 잔의 음료가 아니라,

진정으로 훌륭한 경험이어야 한다."

— Alfred Peet (Peet's Coffee 설립자) —

🫘 사례 1. 울산 M 카페, "쓴 커피 맛을 극복했다."

울산 M 카페는 개점과 동시에 지역 내에서 빠르게 주목받는 명소로 자리 잡았다. 울산 전역에서 찾아오는 고객들로 입소문이 퍼져가던 중, 이 카페의 경영자는 커피 맛 때문에 고민에 빠지게 되었다. 결국, 그는 '미네랄메이커 커피연구소'에 도움을 요청했다.

"지하수를 사용 중인데 쓴 커피 맛이 도저히 잡히지 않네요."

미네랄메이커 커피연구소는 M 카페를 방문해 여러 종류의 해외 수입 정수 필터를 사용 중인 것을 확인했다. 커피를 추출하는 물의 품질을 분석한 결과 지하수의 알칼리니티는 57ppm, 나트륨 필터의 알칼리니티는 48ppm, 연수 필터의 알칼리니티는 35ppm으로 모두 SCA가 가이드하는 40~70ppm 수준에 있었다.

그런데도 왜 커피 맛이 강하게 쓴 것일까?

그 원인은 정기적인 수질검사 성적서에서 발견할 수 있었다. 지하수의 황산이온 함량이 높았다. 황산이온은 커피 맛을 쓰게 하는 특징이 있다.
나트륨 필터와 연수 필터를 철거하고 미네랄메이커 필터를 설치한 후 물의 품질을 다시 분석했다. 물의 알칼리니티는 71ppm, 물의 성질은 알칼리성으로 바꾸었다. 이 물로 추출한 에스프레소로 아메리카노를 만들어 관능 평가를 했는데 커피 맛을 평가한 카페의 경영자는 너무 좋아했다.

"쓴맛이 없어지고, 커피 맛이 확연히 좋아졌어요!"

울산 M 카페의 커피 맛이 크게 개선된 이유는 두 가지이다. 첫째, 마그네슘 미네랄이 물의 알칼리니티를 높인 결과이다. 마그네슘 이온은 커피의 단맛과 향미를 더 추출해 쓴맛을 감소시킨다. 둘째, 알칼리성 미네랄워터의 효과이다. 수소이온농도 pH 8.0~9.0의 알칼리성 물은 커피의 신맛을 조절하는 동시에 쓴맛이 지나치게 강조되지 않도록 하여 커피의 전체적인 균형을 잡아준다.

이처럼 M 카페에서 쓴맛이 사라진 이유는 마그네슘 미네랄의 단맛 증폭 효과와 알칼리성 물의 산미 및 쓴맛 조절 효과가 절묘하게 어우러진 결과이다. 고객들은 이제 이곳에서 더욱 균형 잡힌 맛의 커피를 즐길 수 있게 되었다. 커피 맛은 물이 결정한다는 것을 잘 설명해 주고 있는 사례이다.

Coffee Flavor Analysis

MINERAL MAKER

1. Coffee Extraction Analysis

커피원두 로스팅 상태:

작성일자:

카 페 명:

구분	에스프레소 추출 조건				추출 결과		
	물온도	추출시간	원두양 g	추출양 g	TDS %	EXT %	물희석양 g
1. 기존필터							
2. MM필터							

2. Coffee Control Chart Analysis

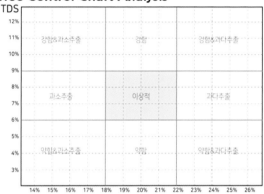

3. Water Quality Analysis

구분	TDS (ppm)	알칼리니티 (°dH / ppm) / KH	수소이온농도(pH) / BTB	비고
1. 기존필터		°dH / ppm	산성, 중성, 알칼리성	
2. MM필터		°dH / ppm	산성, 중성, 알칼리성	

✓ SCA(스페셜티커피협회) 가이드
  알칼리니티 40~70ppm (2.3~4.0 °dH)

미네랄메이커 커피연구소 T. 031-266-0078

제품 살펴보기
QR코드 스캔

'미네랄메이커 커피연구소'는 전국 카페의
커피 맛 고민을 해결해 주기 위해 물 품질과 커피 맛
분석 컨설팅을 통해 최상의 커피 맛 솔루션을 제공하고 있다.
카페 컨설팅 후 제공하는 보고서 양식.

🫘 사례 2. 청주 C 카페, "향미 없는 커피 맛의 자신감을 찾았다."

청주 C 카페는 스페셜티 커피를 제공하며 직접 로스팅한 원두를 다른 카페에도 공급하는 카페이다. 그러나 이곳은 커피 향미가 제대로 표현되지 않아 고민이 깊었다. 특히, 산미가 있는 원두의 맛을 제대로 살리기 위해 수소이온 필터를 사용했지만, 기대한 커피 맛이 나오지 않아 어려움을 겪고 있었다.

이 문제를 해결하기 위해 '미네랄메이커 커피연구소'는 청주 C 카페를 방문해 물 품질과 커피 맛 분석 컨설팅을 했다. 지금까지 사용해 온 수돗물의 알칼리니티는 31ppm, 수소이온 필터의 알칼리니티는 0ppm, 물의 성질은 산성이었다. 수소이온 필터를 철거하고 미네랄메이커 필터를 설치한 후 다시 물을 분석한 결과, 알칼리니티는 44ppm으로 상승했고, 물의 성질은 알칼리성으로 바뀌었다.

이 물로 에스프레소를 추출해 커피 농도와 수율을 분석했는데 TDS(농도) 10.2%, EXT(수율) 20.4%였다. 그리고 아메리카노를 만들어 관능 평가를 진행했다. 카페 경영자는 커피 맛이 좋아진 것에 대해 너무 놀라워했다.

"커피 단맛이 살아나고 바디감이 생겼네요. 커피 맛의 자신감을 찾았어요!"

이전에는 수소이온 필터를 사용하면서 커피의 첫 모금에서 산미가 느껴지다가도 맛이 금세 사라져 버려 아쉬움이 컸었다. 그러나 미네랄메이커 필터를 사용한 후 단맛이 상승하고 산미가 지속하며 바디감이 더해져 커피 맛이 훨씬 좋아졌다는 평가를 받았다. C 카페 사업주는 이 변화에 매우 만족하며 커피 맛에 대한 자신감을 되찾았다. 그리고 1% 정도 높은 커피 농도(TDS)는 원두 도징량을 약간 줄이면 이상적인 커피 맛으로 조정할 수 있다고 말했다.

청주 C 카페의 커피 단맛과 바디감을 높인 비결은 두 가지이다. 첫째, 물의 알칼리니티를 적절히 높였고, 둘째, 물의 성질을 알칼리성으로 바꾸었다. 이를 통해 원두 고유의 맛을 최대한 끌어내어 부드럽고 다양한 맛의 균형이 잘 잡힌 깔끔한 커피를 만들어 낼 수 있었다.

이 카페의 경영자는 그동안 커피 맛에 대한 자신감을 잃어가고 있었지만, 이제는 자신감을 되찾아 더 높은 품질의 커피 맛을 고객들에게 제공할 수 있게 되었다. 미네랄메이커 필터가 만든 마그네슘 알칼리이온 워터는 커피 맛을 올리는 것은 물론이고 카페 경영자의 커피 맛 자신감도 되찾아 주었다.

'미네랄메이커 커피연구소'의 물 전문 바리스타
김범연 저자가 물 품질을 분석하고 있다.

🫘 사례 3. 부산 W 카페, "커피 맛을 단 1시간 만에 완성했어요!"

부산 W 카페는 관광지에 자리 잡고 있어 아름다운 바다 전망 덕분에 많은 고객이 찾는 명소이다. 그러나 이 카페는 커피 맛 때문에 오랜 기간 고민을 안고 있었다. 매년 5월에는 커피 추출이 잘 되지만 다른 달에는 만족스러운 커피 맛을 유지하기 어려워 카페 운영에 대한 고민이 깊어져 갔다. 원두 업체에서 온종일 커피 맛을 세팅해 보았지만, 문제를 해결하지 못하고 돌아간 적도 있었으며 카페는 스케일 억제 필터를 사용 중이었다.

이 문제를 해결하기 위해 '미네랄메이커 커피연구소'는 부산 W 카페를 방문해 물 품질과 커피 맛 분석 컨설팅을 했다. 수돗물의 알칼리니티는 31ppm, 물의 성질은 약산성이었다. 스케일 억제 필터를 철거하고 미네랄메이커 필터를 설치한 후 물의 알칼리니티는 67ppm으로 상승했고, 물의 성질은 알칼리성으로 바꾸었다.

이 물로 에스프레소를 추출하여 커피 농도와 수율을 분석한 결과, TDS(농도) 11.1%, EXT(수율) 22.2%로 커피 추출 농도가 강하게 나왔다. 그래서 원두 도징량을 2g 줄여 다시 추출한 결과, TDS 8.9%, EXT 19.4%로 이상적인 커피 맛을 얻을 수 있었다. 관능 평가에서도 아메리카노의 맛이 크게 개선된 것을 확인했다. 카페 경영자는 커피 맛 관능 평가를 할 때 깜짝 놀라고 말했다.

"원두 업체에서 1년 동안 해결하지 못한 커피 맛을 1시간 만에 잡았네요!"

원두 업체는 최상의 원두를 로스팅해 전국의 카페에 공급하지만, 각 지역 물의 특성에 따라 커피 맛이 달라진다. 커피 맛이 제대로 나오지 않는 카페들은 밍밍한 맛을 보완하기 위해 원두 도징량을 늘리지만, 이는 오히려 커피 맛을 더 쓰거나 신맛, 텁텁한 맛으로 만들게 된다. 이러한 문제는 물의 마그네슘 미네랄을 높이고 물의 성질을 알칼리성으로 바꾸면 간단히 해결된다.

미네랄메이커 필터를 사용한 지 몇 달이 지난 어느 날, W 카페의 사업주는 마침내 완벽한 커피 맛을 구현할 수 있는 최적의 세팅을 완성했다는 소식을 전해왔다. 그는 포터필터 바스켓 58mm(IMS) 17g 용량을 사용하고, 중강배전 원두를 선택하여 이전에 사용하던 18g보다 줄인 16g의 원두를 도징했다. 분쇄도는 기존 6 이상의 설정에서 5로 조정했으며, 추출량은 27.5g, 추출 시간은 25.5초로 설정했고, 물 온도는 92℃로 유지했다. 이러한 세팅을 통해 커피의 쓴맛은 거의 사라지고 단맛과 향미가 돋보이는 완벽한 커피 맛을 구현했다고 말했다.

포터필터 바스켓의 용량보다 원두 도징량을 줄이면 원두의 분쇄도가 더 미세해지더라도 포터필터의 헤드 스페이스가 확보되어 분쇄된 원두가 적절하게 추출될 수 있는 공간이 생긴다. 이에 따라 커피 추출 흐름이 원활해지고 결과적으로 최상의 커피 맛을 끌어낼 수 있게 된다.

이처럼 미네랄메이커 필터를 사용해 물의 알칼리니티를 높이고 물의 성질을 알칼리성으로 바꾸면 밍밍한 커피 맛을 개선하기 위해 늘렸던 원두량을 줄일 수 있다. 부산 W 카페는 원두량을 2g 줄임으로써 원두 100kg당 약 166만 원의 추가 매출을 올릴 수 있다. 이 사례는 커피 맛의 핵심이 물에 있음을 다시 한번 강조해 준다.

🫘 사례 4. 서울 강남 C 카페, "밍밍한 커피 맛, 찌르는 신맛을 해결했다."

서울 강남 C 카페는 오전 시간에도 고객들이 끊임없이 찾아오는 예쁜 카페이다. 그러나 카본 정수 필터를 사용한 이후로 커피 맛이 밍밍해졌고, 이를 해결하기 위해 스케일 억제 필터를 사용했지만, 산미는 살아나도 커피 맛이 여전히 만족스럽지 못했다. 커피 맛을 개선하기 위해 고민하던 C 카페 사업주는 '미네랄메이커 커피연구소'에 컨설팅 서비스를 신청해 왔다.

이 문제를 해결하기 위해 '미네랄메이커 커피연구소'는 서울 강남 C 카페를 방문해 물 품질과 커피 맛을 분석했다. 수돗물의 알칼리니티는 35ppm, 물의 성질은 중성이었지만, 스케일 억제 필터를 통과한 물의 알칼리니티는 17ppm으로 낮아진 상태였고, 물의 성질은 산성으로 변해 있었다. 이 물로 에스프레소를 추출한 결과 커피 농도(TDS) 13.4%, 수율(EXT) 26.1%로 커피가 과다 추출된 상태였다.

스케일 억제 필터를 철거하고 미네랄메이커 필터를 설치한 후 물의 알칼리니티는 53ppm으로 상승했고, 물의 성질은 알칼리성으로 바뀌었다. 이 물로 다시 에스프레소를 추출한 결과, 커피 농도(TDS) 10.7%, 수율(EXT) 20.0%로 이상적인 상태에 도달했다. 관능 평가를 진행하며 카페 경영자는 에스프레소 추출 과정에서 느낀 소감을 전해왔다.

"에스프레소를 추출할 때부터 커피 향미와 달콤한 향이 풍기기 시작했습니다!"

커피의 관능 평가 결과 부드러운 산미, 고소한 맛, 단맛이 조화롭게 느껴졌다. 그동안 밍밍한 커피 맛과 찌르는 신맛 때문에 고민이 많았지만, 미네랄메이커 필터가 간단히 커피 맛을 높여주었다.

서울 강남 C 카페 경영자는 커피 전문가이므로 이상적인 커피 농도 6~9%를 미세하게 조정하는 데 능숙하다고 말했다. 이 카페는 미네랄메이커 필터를 통해 물의 알칼리니티를 적절히 높이고 물의 성질을 알칼리성으로 바꾸는 것만으로도 커피 맛을 크게 개선할 수 있었다. 이는 물이 커피 맛을 결정하고 있음을 확인할 수 있는 사례이다.

커피의 관능 평가 결과
부드러운 산미, 고소한 맛, 단맛이 조화롭게 느껴졌다.
그동안 밍밍한 커피 맛과 찌르는 신맛 때문에 고민이 많았지만,
미네랄메이커 필터가 간단히 커피 맛을 높여주었다.

🫘 사례 5. 여수 H 카페, "커피 맛이 갑자기 이렇게 좋아졌다고?"

여수 H 카페는 아름다운 인테리어와 바다 전망, 그리고 맛있는 빵으로 전국의 커피 애호가들이 즐겨 찾는 명소이다. 하지만 이 카페는 커피 맛을 개선하기 위해 해외에서 수입한 B사 미네랄 필터를 사용하고 있었음에도 만족스러운 커피 맛을 얻지 못해 고민이 깊었다. 그러던 중 '미네랄메이커 커피연구소'에서 개발한 필터가 커피 맛을 높인다는 소식을 듣고 상담을 요청해 왔다.

이 문제를 해결하기 위해 미네랄메이커 커피연구소는 여수 H 카페를 방문해 물 품질과 커피 맛을 분석했다. 현재 사용 중인 수입한 B사 미네랄 필터 물의 알칼리니티는 17ppm, 물의 성질은 중성이었다. 이 물로 추출한 에스프레소는 TDS(농도) 11.1%, EXT(수율) 17.7%였는데 관능 평가 결과 찌르는 쓴맛이 강하게 느껴졌다.

수입한 B사 미네랄 필터를 철거하고 '미네랄메이커 필터'를 설치한 후 물의 품질을 다시 분석했다. 물의 알칼리니티는 44.5ppm으로 상승했고, 물의 성질은 알칼리성으로 바뀌었다. 이 물로 추출한 에스프레소의 TDS는 10.9%, EXT는 17.4%였고 아메리카노를 만들어 관능 평가하던 중에 H 카페 경영자는 깜짝 놀라며 이렇게 말했다.

"지금 무슨 일이 일어난 거죠? 커피 맛이 갑자기 이렇게 좋아지다니요!"

여수 지역의 수돗물은 알칼리니티가 낮아서 커피 맛을 제대로 내기가 매우 어려웠다. 그런데 미네랄메이커 필터를 사용해 물만 바꿨을 뿐인데도 커피 맛이 크게 개선되었다는 사실에 카페 경영자는 믿을 수 없다는 반응이었다. 물의 알칼리니티를 높이고 물의 성질을 알칼리성으로 바꾸면 커피 맛이 부드러워지고 다양한 맛의 균형이 잘 잡힌 깔끔한 커피를 얻을 수 있다고 설명하자, 물이 그런 역할을 한다는 것에 대해 더욱 놀라워했다.

이후, 폭우가 많이 내린 어느 날 H 카페로부터 소식이 전해졌다. 여수 지역의 다른 카페들은 커피 맛이 흔들려 어려움을 겪고 있었지만, 미네랄메이커 필터를 설치한 H 카페는 여전히 맛있는 커피 맛을 유지하고 있어 매우 만족스럽다는 소식이었다. 이 사례는 물이 커피 맛을 결정짓는 중요한 요소임을 다시 한번 확인시켜 주었다.

🥜 사례 6. 서울 T 카페, "프랜차이즈 커피도 단맛이 느껴지네요!"

한국의 카페는 운영 방식에 따라 프랜차이즈 카페와 개인 카페로 나눌 수 있다. 프랜차이즈 카페는 안정적인 사업 운영을 원하는 경영자들에게 인기가 있지만, 커피에 대한 과학적 지식을 깊이 공부하는 경우는 드물다. 이는 프랜차이즈 본사에서 제공하는 기술 지원에 의존하기 때문일 수 있다.

그러나 많은 프랜차이즈 카페의 커피 맛에 대한 고객 만족도는 그다지 높지 않은 편이다. 유명인을 활용한 광고 덕분에 성업 중이지만 커피 애호가들은 주중에는 어쩔 수 없이 프랜차이즈 커피를 구매하면서도 주말에는 더 나은 커피 맛을 찾아 개인 카페를 방문하는 경향이 있다. 커피 맛이 좋아야 고객들이 재방문하게 되며 이는 개인 카페가 점점 더 인기를 끌고 있는 이유 중 하나이다.

서울 T 카페 경영자는 물이 커피 맛에 미치는 영향을 알고 미네랄메이커 필터에 대한 상담을 요청해 왔다. '미네랄메이커 커피연구소'는 T 카페를 방문해 물 품질과 커피 맛 분석 컨설팅을 했다. 현재 정수기 물의 알칼리니티 48ppm, 물의 성질은 중성이었다. 이 물로 추출한 에스프레소는 TDS(농도) 5.3%, EXT(수율) 9.9%였는데 아메리카노의 관능 평가 결과는 밍밍한 커피 맛이었다.

미네랄메이커 필터를 설치한 후 물의 알칼리니티는 71.2ppm으로 상승했고 물의 성질은 알칼리성으로 바뀌었다. 이 물로 추출한 에스프레소의 TDS는 5.1%, EXT는 9.6%로 분석되었으며 아메리카노의 관능 평가를 진행한 후 카페 경영자는 놀라운 변화를 느꼈다.

"프랜차이즈 커피에서도 단맛이 느껴지네요!"

프랜차이즈 카페 본사에서 제시한 원두 도징량과 추출량을 적용한 에스프레소 추출 농도(TDS)는 5.1%로 약한 추출이었다. 하지만 물의 알칼리니티를 높이고 알칼리성으로 바꾸는 것만으로도 원두의 단맛을 끌어올리고 커피 맛을 크게 개선할 수 있었다.

최상의 커피 맛을 위해 원두 도징량이나 분쇄도 조정이 필요했지만, 프랜차이즈 카페 특성상 본사에서 제시한 추출 세팅 값을 변경하기 어려워 추가 조정은 진행하지 않았다. 그런데도 서울 T 카페 경영자는 미네랄메이커 필터가 개선한 커피 맛을 매우 만족스러워했다.

서울 T 카페는 프랜차이즈 카페임에도 가맹점 사업주가 정수 필터 교체를 결정할 수 있어서 커피 맛을 좋게 개선했지만, 다른 프랜차이즈 카페는 본사에서 정수 필터 교체하는 것을 승인해주지 않아서 커피 맛을 개선할 기회를 얻지 못한다는 소식을 가끔 전해 들을 때마다 매우 안타까운 마음이 들었다. 이는 커피 맛은 물이 결정한다는 단순한 사실을 모르고 있기 때문일 것이다.

지금까지 살펴본 커피 맛 개선 사례들을 종합하면 프랜차이즈 카페와 개인 카페 모두 물의 알칼리니티를 높이고, 물의 수소이온농도(pH)를 알칼리성으로 바꾸어 커피 맛이 크게 향상되었다. 이처럼 커피 맛의 차별화를 통해 카페 경영의 성공 역사를 계속해서 쓸 수 있다.

5장
인생

"나쁜 커피에 시간을 낭비하지 마세요.

인생은 너무 짧고 좋은 커피는 그만한 가치가 있습니다."

– Grant McCracken (문화 인류학자) –

커피로 활기찬 아침을 맞이하자

하루의 시작은 모든 사람에게 중요한 순간이다. 이 순간을 어떻게 시작하느냐에 따라 하루의 기분과 생산성이 크게 좌우된다. 좋은 커피 한 잔은 아침을 활기차게 시작하는 데 중요한 역할을 한다. 좋은 커피가 하루의 시작에 주는 활력과 그 중요성을 살펴보자.

🌱 좋은 커피의 신체적 효과

각성 효과

커피에 포함된 카페인은 중추신경계를 자극하여 각성 효과를 제공한다. 아침에 커피를 마시면 졸음을 쫓고 집중력을 향상해 하루를 활기차게 시작할 수 있다. 이는 특히 바쁜 직장인이나 학생들에게 유용하다.

에너지 증진

카페인은 신체의 에너지 대사를 촉진하여 피로감을 줄이고 에너지를 증가시킨다. 아침에 커피를 마시면 몸이 깨어나고 활력을 얻어 하루를 적극적으로 보낼 수 있다. 이는 운동 전에도 효과적이다.

대사 촉진

커피는 신진대사를 촉진하여 칼로리 소모를 증가시키는 효과가 있다. 아침에 커피를 마시면 신진대사가 활성화되어 더 많은 칼로리를 소모하게 되고 체중 관리에도 도움이 된다.

♪ 좋은 커피의 정신적 효과

기분 전환

커피의 향과 맛은 심리적 안정을 제공하며 기분을 전환하는 데 도움을 준다. 아침에 커피 한 잔은 스트레스를 줄이고 긍정적인 감정을 유도하여 기분 좋은 하루를 시작하게 한다.

정신적 집중력 향상

카페인은 뇌의 기능을 활성화하여 기억력과 집중력을 향상시킨다. 아침에 커피를 마시면 업무나 학업에서 더 나은 성과를 거둘 수 있다. 이는 중요한 회의나 시험 전에 특히 유용하다.

창의력 증진

커피는 뇌의 창의적인 사고를 촉진하는 역할을 한다. 아침에 커피를 마시면 아이디어가 풍부해지고 창의적인 업무를 수행하는 데 도움이 된다. 이는 예술가나 기획자에게 유리하다.

◢ 좋은 커피의 사회적 효과

사교 활동 촉진

커피는 사교 활동을 촉진하는 중요한 매개체이다. 아침에 커피를 함께 마시면서 동료나 친구들과의 대화를 시작할 수 있다. 이는 사회적 유대감을 강화하고 업무 환경을 개선한다.

네트워킹 기회 제공

커피는 네트워킹의 기회를 제공한다. 아침에 커피를 마시며 동료나 비즈니스 파트너와 만날 수 있다. 이는 비즈니스 관계를 강화하고 새로운 기회를 창출하는 데 유리하다.

🌰 좋은 커피를 위한 준비

고품질 원두 선택

좋은 커피를 만들기 위해서는 고품질의 원두를 선택하는 것이 중요하다. 신선한 원두를 사용하고 공정 무역 인증이나 친환경 인증을 받은 원두를 선택하여 품질을 보장한다.

적절한 추출 방법

커피의 맛을 최적화하기 위해 적절한 추출 방법을 선택해야 한다. 에스프레소, 드립 커피, 프렌치 프레스 등 다양한 추출 방법을 시도하여 개인의 취향에 맞는 방법을 찾는다.

올바른 물 사용

물의 품질은 커피 맛에 큰 영향을 미친다. 깨끗한 물을 사용하고 물의 온도와 알칼리니티를 적절히 조절하고 알칼리성 물을 사용해 최상의 커피 맛을 구현한다.

🫘 좋은 커피로 하루를 시작하는 루틴 만들기

아침 루틴 설정

커피를 마시는 아침 루틴을 설정하여 하루를 계획적으로 시작한다. 일정한 시간에 일어나 커피를 준비하고 마시면서 하루의 일정을 점검한다. 이는 일관된 생활 방식을 유지하는 데 도움이 된다.

여유 있는 시간 갖기

아침에 여유를 갖고 커피를 즐기며 하루를 준비한다. 아침 시간을 충분히 확보하여 커피를 마시며 명상하거나 책을 읽으며 차분하게 하루를 시작한다.

커피와 함께하는 건강한 식습관

커피와 함께 건강한 아침 식사를 즐기며 영양을 균형 있게 섭취한다. 신선한 과일, 견과류, 요구르트 등 건강한 식품을 커피와 함께 섭취하여 에너지를 보충한다.

좋은 커피 한 잔은 하루를 활기차게 시작하는 데 중요한 역할을 한다. 커피의 신체적, 정신적, 사회적 효과는 하루를 더욱더 생산적이고 즐겁게 만들어 주는 것이다. 고품질의 원두 선택, 적절한 추출 방법, 올바른 물 사용 등을 통해 최상의 커피를 준비하고 이를 통해 하루를 계획적으로 시작할 수 있다. 좋은 커피로 하루를 여는 활기찬 아침을 맞이하는 것은 인생을 더욱 풍요롭게 하는 비결이다.

실망 없는 맛을 구현하자

커피는 전 세계 수백만 명의 사람들이 매일 마시는 음료로 하루를 시작하거나 휴식을 취할 때 중요한 역할을 한다. 그러나 나쁜 커피 맛은 기대를 저버리고 고객에게 실망감을 준다. 나쁜 커피 맛이 주는 실망과 그로 인해 발생하는 커피 회피 현상에 대해 살펴보자.

🫘 나쁜 커피 맛의 원인

저품질 원두

저품질 원두는 커피 맛을 크게 저하하는 주요 원인 중 하나이다. 오래된 원두, 불균형한 로스팅, 비위생적인 처리 과정 등은 커피의 풍미를 잃게 하고 텁텁하고 쓴맛을 증가시킨다.

잘못된 로스팅

로스팅 과정에서 발생하는 실수는 커피 맛에 큰 영향을 미친다. 과도한 로스팅은 탄 맛과 쓴맛을 유발하고 부족한 로스팅은 신맛과 밋밋한 맛을 남긴다. 최적의 로스팅이 이루어지지 않으면 커피의 고유한 맛을 즐기기 어렵다.

불량한 추출 방법

잘못된 추출 방법은 커피 맛을 크게 저하하는 요인이다. 물의 온도가 너무 낮거나 높으면, 추출 시간이 너무 길거나 짧으면 커피의 맛이 극단적으로 변한다. 이는 커피의 맛을 지나치게 쓰게 하거나 신맛이 강하게 느껴지게 만든다.

불량한 물

물의 품질은 커피 맛에 결정적인 영향을 준다. 경도가 너무 높거나 낮은 물, 불순물이 많거나 수돗물의 염소 성분이 제거되지 않은 물은 커피의 풍미를 해치고, 쓴맛이나 금속 맛을 유발할 수 있다.

🫘 나쁜 커피 맛이 주는 실망

기대 저하

아침에 기대하며 마시는 커피가 나쁘면 하루의 시작이 실망스럽게 느껴진다. 나쁜 커피 맛은 아침의 기분을 저하하고 활력을 잃게 만든다. 이는 전체적인 하루의 생산성에도 영향을 준다.

고객 불만

카페나 레스토랑에서 제공되는 커피가 나쁘면 고객 불만이 발생한다. 나쁜 커피는 고객의 만족도를 낮추고 재방문 의사를 줄이며 나쁜 평판을 초래할 수 있다. 이는 카페 경영에 직접적이고 부정적인 영향을 미친다.

심리적 영향

나쁜 커피 맛은 심리적으로도 부정적인 영향을 준다. 커피의 풍미와 향을 기대하고 마시는 사람들이 나쁜 맛을 경험하면 스트레스와 좌절감을 느낀다. 이는 커피에 대한 전반적인 호감을 떨어뜨린다.

● 커피 회피 현상

재방문 의사 감소

나쁜 커피를 경험한 고객은 그 카페를 다시는 찾지 않는다. 한 번 나쁜 커피 맛을 경험한 고객은 다른 카페를 찾거나 커피 소비를 줄이게 된다. 이는 카페 운영에 부정적인 타격이 된다.

브랜드 이미지 손상

일관되게 나쁜 커피를 제공하는 브랜드는 부정적인 이미지가 형성된다. 고객들은 부정적인 경험을 친구나 가족, 소셜 미디어 등을 통해 공유하므로 이는 브랜드 평판을 심각하게 훼손한다.

커피에 대한 흥미 감소

반복적으로 나쁜 커피를 경험한 사람들은 커피 자체에 대한 흥미를 잃는다. 커피 소비를 줄이거나 아예 다른 음료로 대체하는 경향이 생긴다. 이는 커피 시장 전체에 부정적인 영향을 미친다.

🫘 나쁜 커피 맛을 피하기 위한 전략

고품질 원두 선택

신선하고 고품질의 원두를 선택하여 커피의 기본 맛을 보장한다. 좋은 원두는 커피의 풍미와 향을 극대화하고 일관된 품질을 유지한다.

적절한 로스팅

원두의 특성에 맞는 로스팅 프로파일을 개발하고 일관되게 유지한다. 최적의 로스팅은 원두의 고유한 맛을 살리고 쓴맛과 신맛의 균형을 맞춘다.

올바른 추출 방법

물의 온도, 추출 시간, 압력 등을 최적화하여 올바른 추출 방법을 사용한다. 올바른 추출 방법은 커피의 다양한 맛 요소를 균형 있게 추출하고 일관된 맛을 제공한다.

청결한 물 사용

깨끗한 물을 사용하고 물의 알칼리니티 40~70ppm 수준의 물을 사용한다. 청결하고 미네랄이 적절히 들어있는 물은 커피의 본연의 맛을 유지하고 불순물로 인한 맛 변화를 방지한다.

나쁜 커피 맛은 고객에게 실망을 안기고 커피에 대한 부정적인 인식을 심어준다. 이는 고객의 재방문 의사를 감소시키고 브랜드 이미지에 손상을 주며 커피에 대한 흥미를 떨어뜨릴 수 있다. 따라서 고품질 원두 선택, 적절한 로스팅, 올바른 추출 방법, 청결한 물 사용 등을 통해 나쁜 커피 맛을 피하고 최상의 커피 경험을 제공하는 것이 중요하다. 실망하지 않는 커피 맛을 통해 고객의 만족도를 높이고 커피에 대한 긍정적인 인식을 유지할 수 있다.

완벽한 커피는 조화 속에 있다

커피의 맛과 품질은 다양한 요소에 의해 결정되지만, 그중에서도 가장 중요한 두 가지 요소는 좋은 원두와 좋은 물이다. 이 두 가지가 완벽하게 조화를 이루어야만 최상의 커피를 즐길 수 있다. 좋은 원두와 좋은 물이 어떻게 조화를 이루어 최상의 커피를 만들어 내는지 살펴보자.

◉ 좋은 원두의 중요성

신선한 원두

신선한 원두는 커피 맛의 기본이다. 로스팅 후 2주 이내의 원두를 사용하고 밀봉된 상태로 보관하여 신선도를 유지한다. 신선한 원두는 풍부한 향과 생동감 있는 맛을 제공하여 커피의 기본적인 품질을 보장한다.

고품질 원두 선택

고품질 원두는 커피의 풍미와 향을 결정짓는다. 공정 무역 인증, 유기농 인증을 받은 원두를 선택하고 다양한 원산지의 원두를 시도하여 자신에게 맞는 커피를 찾는다. 고품질 원두는 복합적인 맛과 향을 통해 마시는 즐거움을 극대화한다.

로스팅 정도

로스팅 정도는 커피의 맛을 크게 좌우한다. 라이트, 미디엄, 다크 로스트를 시도해 보고 각 로스팅 정도에 따른 맛의 차이를 경험한다. 적절한 로스팅을 통해 원두의 고유한 맛과 향을 최대한 끌어낼 수 있다.

◐ 좋은 물의 중요성

물의 청결도

깨끗한 물은 커피 맛의 기본이다. 불순물이 없고 청결한 물을 사용한다. 정수 필터 시스템을 사용하여 물의 청결도를 유지한다. 깨끗한 물은 커피 본연의 맛을 유지하고 불순물로 인한 맛의 변화를 방지한다.

물의 경도

물의 경도는 커피의 맛과 기계의 성능에 영향을 미친다. 경도가 너무 높거나 낮지 않은 중간 정도의 50~175ppm의 물을 사용한다. 적절한 경도의 물은 커피의 풍미를 풍부하게 하고 커피 머신의 커피 추출 성능을 높일 수 있다.

물의 수소이온농도(pH)와 알칼리니티

물의 수소이온농도(pH)와 칼슘, 마그네슘 미네랄 함량은 커피 맛에 큰 영향을 미친다. 물의 알칼리니티 40~70ppm, 수소이온농도 pH8.0~9.0의 알칼리성일 때 산미, 고소한 맛, 단맛 등이 균형 있는 커피 맛을 낸다. 반면 물이 산성일 때는 신맛이 강조된 커피가 된다. 부드럽고 다양한 맛의 밸런스가 있는 커피 맛을 내려면 미네랄메이커 필터를 사용하면 된다.

✔ 좋은 물과 좋은 원두의 조화

최적의 추출

좋은 물과 좋은 원두가 조화를 이루어야 최상의 커피를 추출할 수 있다. 물의 온도, 추출 시간, 분쇄도 등 추출 변수를 최적화하여 원두의 맛과 향을 최대한 끌어낸다. 최적의 추출 조건을 통해 커피의 다양한 맛 요소를 균형 있게 추출하고 풍부하고 복합적인 맛을 즐길 수 있다.

일관된 품질 유지

좋은 물과 좋은 원두를 지속해서 사용하여 일관된 커피 품질을 유지한다. 신선한 원두를 정기적으로 구매하고 정수 필터 시스템을 정기적으로 유지 보수하여 물의 품질을 관리한다. 일관된 품질의 커피는 고객의 만족도를 높이고 재방문 의사를 증가시킨다.

고객의 취향에 맞춘 조정

물과 원두의 조화를 고객의 취향에 맞게 조정한다. 원두의 종류, 로스팅 정도, 물의 알칼리니티와 수소이온농도(pH) 등을 고객의 선호에 맞게 조절한다. 고객의 취향에 맞춘 커피는 더욱 만족스러운 커피 경험을 제공한다.

좋은 물과 좋은 원두는 최상의 커피를 만들기 위해 필수적인 요소이다. 신선하고 고품질의 원두를 선택하고 적절한 로스팅과 추출 방법을 사용해야만 커피의 풍미와 향을 최대한 끌어낼 수 있다. 또한, 청결하고 적절하게 미네랄이 함유된 물을 사용할 때 커피 본연의 맛을 유지할 수 있다. 좋은 물과 좋은 원두가 완벽하게 조화를 이룰 때 최상의 커피를 즐길 수 있다는 것이다. 좋은 물과 좋은 원두로 완벽한 커피를 만들어 매일의 삶을 더욱 풍요롭게 만들자.

커피의 맛과 품질은 다양한 요소에 의해 결정되지만,
그중에서도 가장 중요한 두 가지 요소는 좋은 원두와 좋은 물이다.

쏠쏠한 즐거움을 음미하라

커피 한 잔은 많은 사람에게 일상의 작은 사치로 짧은 순간의 여유와 행복을 제공한다. 커피 한 잔이 주는 작은 사치의 의미와 그 가치에 대해 살펴보자.

❂ 커피 한 잔의 여유

일상 속의 휴식

바쁜 일상에서 커피 한 잔은 짧은 휴식을 제공한다. 커피를 마시며 잠시 업무나 일상에서 벗어나 여유를 즐긴다. 짧은 휴식은 스트레스를 해소하고 재충전의 기회를 제공하여 더 나은 생산성을 발휘하게 한다.

마음의 안정

커피의 따뜻한 온기와 향은 마음을 차분하게 만든다. 커피를 마시며 명상하거나 조용한 음악을 들으며 마음을 안정시킨다. 커피 한 잔은 정신적 휴식을 제공하고 긴장을 완화하며 긍정적인 감정을 유도한다.

✿ 일상의 작은 즐거움

미각의 즐거움

고품질의 커피는 복합적인 맛과 향을 통해 미각의 즐거움을 준다. 다양한 원두와 로스팅 정도를 시도하며 자신만의 커피 취향을 발견할 수도 있으며, 커피의 다양한 맛을 즐기면서 일상 속 작은 행복을 느낄 수 있다.

감각의 풍요로움

커피의 향과 맛 그리고 따뜻한 온기는 감각적 만족을 제공한다. 신선한 커피를 천천히 음미하며 그 맛과 향을 충분히 느낀다. 감각이 풍부해지면서 일상의 작은 사치를 통해 삶의 질이 향상된다.

🔘 사교와 연결의 매개체

사교 활동 촉진

커피는 사람들과의 만남과 대화를 촉진하는 중요한 매개체이다. 친구, 동료, 가족과 함께 커피를 마시며 대화를 나눈다. 커피 한 잔은 사회적 유대감을 강화하고 관계를 더욱 깊게 만든다.

네트워킹 기회 제공

커피는 비즈니스 네트워킹의 기회를 제공한다. 비즈니스 미팅이나 회의 전에 커피를 마시며 자연스럽게 대화를 시작한다. 커피는 비즈니스 관계를 형성하고 새로운 기회를 창출한다.

🔘 자기 돌봄과 자기표현

자기 돌봄

커피 한 잔은 자신을 돌보고 자신에게 작은 보상을 주는 방법이다. 아침이나 오후에 커피를 마시며 자신에게 집중하는 시간을 가진다. 자기 돌봄은 정신적, 감정적 건강을 유지하는 데 중요하며 커피 한 잔이 그 역할을 한다.

자기표현

커피 선택은 개인의 취향과 스타일을 반영하는 방법이다. 다양한 커피를 시도하고 자신만의 커피 스타일을 찾는다. 커피 선택을 통해 자신을 표현하고 개성을 나타낼 수 있다.

🫘 일상의 루틴과 의식

아침의 루틴

아침에 커피를 마시는 루틴은 하루를 시작하는 중요한 의식이다. 일정한 시간에 일어나 커피를 준비하고 마시면서 하루를 계획한다. 규칙적인 아침 루틴은 일관된 생활 방식을 유지하고 활기찬 하루를 시작하게 한다.

의식적인 커피 타임

커피를 마시는 시간을 하나의 의식으로 만들어 특별하게 만든다. 커피를 준비하고 마시는 과정을 천천히 즐기며 그 순간에 집중한다. 커피 타임을 의식적으로 즐기면서 일상의 소소한 순간을 더욱 특별하게 만들 수 있다.

커피 한 잔은 일상 속에서 소소한 행복과 여유를 제공하는 작은 사치이다. 좋은 커피를 선택하고 그 과정을 즐기며 사람들과의 사교를 촉진하고 자기 돌봄의 시간을 가짐으로써 커피는 우리의 삶을 풍요롭게 만들게 된다. 커피 한 잔이 주는 작은 사치는 일상에서 누릴 수 있는 큰 행복을 의미하며 인생의 질을 높이는 데 중요한 역할을 한다. 좋은 커피로 매일의 작은 사치를 즐기고 삶의 쏠쏠한 행복 만끽해 보자.

한 잔의 커피로 풍요로운 인생을!

커피는 전 세계적으로 다양한 문화와 생활 방식에 깊이 뿌리내린 중요한 음료이다. 커피 문화는 개인의 삶을 풍요롭게 하고 사회적 유대감을 강화하며 창의성과 휴식을 촉진하는 등 다채로운 역할을 한다. 인생을 풍요롭게 하는 커피 문화를 살펴보자.

커피의 역사와 문화적 배경

커피의 기원과 전파

커피의 기원은 에티오피아에서 시작되어 중동을 거쳐 전 세계로 전파되었다. 15세기부터 아라비아반도에서 커피가 처음 재배되었고 이후 오스만 제국을 통해 유럽과 아시아로 확산되었다. 커피의 전파는 각 지역의 문화와 결합하여 독특한 커피 문화를 형성하게 되었다.

지역별 커피 문화

각 지역은 고유의 커피 문화를 발전시켜 왔다. 터키 커피는 고운 분말 형태로 끓여내며 설탕과 함께 제공된다. 이탈리아는 에스프레소 문화의 중심지로 카페에서 빠르고 강렬한 에스프레소를 즐긴다. 미국은 다양한 스타일의 커피를 소비하며 스타벅스와 같은 커피 가맹점을 통해 커피 문화를 전파했다. 한국도 미국 커피의 영향을 받아서 다양한 형태의 커피가 프랜차이즈 카페와 개인 카페를 통해 제공되고 있는데 최근에는 커피 애호가들을 위한 스페셜티 커피 판매장이 증가하고 있다. 이처럼 지역별 커피 문화는 그 지역의 사회적, 문화적 특성을 반영하며 다양한 커피 경험을 제공한다.

☕ 커피와 사회적 유대감

카페 문화

카페는 커피를 마시며 사람들과 만나는 장소로 사회적 유대감을 강화한다. 카페는 친구, 가족, 동료와의 만남의 장소로서 중요한 역할을 한다. 또한, 독서, 작업, 회의 등 다양한 활동이 이루어지는 공간이다. 카페에서 사람들은 서로 교류하고 관계를 맺으며 커뮤니티를 형성한다.

커피와 대화

커피 한 잔을 함께 마시는 것은 자연스럽게 대화를 시작하는 계기가 된다. 친구나 동료와 커피를 마시며 대화를 나누고 중요한 이야기를 나눈다. 커피는 대화를 촉진하고 인간관계를 깊게 하며 서로의 이해와 공감을 도모한다.

✿ 커피와 창의성

창의적 사고 촉진

커피는 뇌의 활동을 촉진하여 창의적 사고를 돕는다. 카페인은 중추신경계를 자극하여 집중력과 인지 기능을 향상한다. 커피는 예술가, 작가, 디자이너 등 창의적인 작업을 하는 사람들에게 영감을 주고, 창의적 사고를 활성화한다.

아이디어 교환

커피 한 잔을 마시며 아이디어를 교환하는 것은 새로운 아이디어를 생성하게 한다. 커피를 마시며 동료나 친구와 브레인스토밍하고 창의적인 토론을 진행한다. 자유롭고 편안한 분위기에서의 대화는 혁신적인 아이디어와 해결책을 도출한다.

☕ 커피와 휴식

심리적 휴식

커피를 마시는 시간은 심리적 휴식을 제공하여 스트레스를 완화한다. 커피를 마시며 잠시 일상에서 벗어나 여유로운 시간을 가진다. 커피 한 잔의 여유는 심리적 안정감을 주고 스트레스를 해소한다.

신체적 휴식

커피는 신체적으로도 피로를 해소하는 효과가 있다. 카페인은 피로를 줄이고 에너지를 증가시켜 일상생활의 활력을 제공한다. 신체적 휴식과 에너지 회복을 통해 더 건강하고 활기찬 생활을 유지할 수 있다.

커피 문화는 우리의 삶을 더욱 풍요롭게 만든다. 커피는 사회적 유대감을 강화하고 창의성과 휴식을 촉진하며 개인의 취향과 개성을 표현하는 데 중요한 역할을 한다. 다양한 커피 문화를 경험하고 이를 통해 삶의 질을 향상시키는 것은 일상의 행복이다.

커피로 시작하는 아침은 그 어떤 순간보다 활기차고 특별하다. 완벽한 맛을 위해 정성을 다할 때 그 한 잔은 결코 실망을 주지 않는다. 진정한 커피의 아름다움은 원두와 물, 시간의 조화 속에서 피어난다. 그 작은 잔 속에 담긴 쏠쏠한 즐거움은 우리의 일상을 더 풍요롭게 만들어 준다. 매일의 한 잔이 음료를 넘어 삶의 깊이를 채우는 순간, 커피는 그 자체로 인생을 더욱 빛나게 하는 동반자가 된다. 이제부터 매일 아침을 시작할 때마다 좋은 커피 한 잔으로 세상을 열고 풍요로운 인생을 누리자.

이제부터 매일 아침을 시작할 때마다
좋은 커피 한 잔으로 세상을 열고 풍요로운 인생을 누리자.

커피 한 잔으로 완성하는 삶의 예술

우리는 매일 수많은 선택을 한다. 그 선택들은 우리의 삶을 채우고 우리를 구성하는 작은 조각들이 된다. 그중에서도 커피 한 잔을 선택하는 순간은 그리 대단해 보이지 않을지 모르지만, 그 작은 선택이 일상에 새로운 의미를 더한다. 커피는 단순한 음료가 아니다. 그것은 때로는 휴식이 되고 때로는 영감이 되며 때로는 깊은 사색의 동반자가 된다.

'98대 2의 게임.'

커피 맛은 물이 결정한다는 사실은 단순한 과학적 진리가 아니다. 그것은 우리 삶 속에서도 상징적인 의미를 지닌다. 물이 자연의 순수한 힘으로 커피를 완성하듯 우리의 일상 속 작은 순간들이 모여 인생이라는 커다란 그림을 완성한다. 커피 한 잔을 통해 우리는 그 순간의 아름다움을 음미하고 삶을 풍요롭게 만드는 데 필요한 모든 요소를 생각하게 된다.

이 책을 마치며 독자 여러분에게 제안하고 싶다. 매일 아침 커피 한 잔을 앞에 두고 잠시 멈춰보자. 그 속에서 느껴지는 향기, 맛, 그리고 그 안에 담긴 노력과 열정을 음미하는 순간이 여러분의 삶을 조금 더 풍성하고 특별하게 만들어 줄 것이다. 커피는 단지 맛을 위한 것이 아니다. 그것은 우리의 삶을 위한 예술이다. 한 잔의 완벽한 커피는 우리가 누릴 수 있는 일상의 가장 작은, 그러나 가장 의미 있는 예술적 순간이 될 것이다.

이 책을 통해 전하고자 한 메시지가 커피 한 잔을 더욱 깊이 이해하는 데에 도움이 되었기를 바란다. 이제 여러분만의 완벽한 커피 맛을 찾아 떠나는 여정을 시작할 때이다. 그 속에서 발견할 수 있는 작은 행복이 곧 여러분의 인생을 채우는 가장 큰 기쁨이 될 것이다.

내 커피 맛의 자신감을 찾자!

커피 맛이
흔들리는 이유를
아시나요?

비싼 커피 머신과 원두를 사용해도
매일 아침 흔들리는 커피 맛 때문에 고민이 많습니다.

이는 **커피 성분의 98%를 차지하는 물의 품질이
커피 맛에 중요한 영향을 주기 때문**입니다.

한국은 물의 경도(미네랄)가 낮은 연수 지역이므로
장마철 또는 비가 내릴 때 커피 맛이 더 떨어집니다.
또한 대기오염으로 인한 이산화탄소 증가 등으로
물은 산성화됩니다.

이러한 **지리적, 환경적 요인으로 인해
커피 맛이 일정하게 유지되기 어렵고
신맛, 쓴맛이 강조되거나 커피 맛이 밍밍해집니다.**

커피 맛 고민을 해결하기 위해
'미네랄메이커 필터'를 사용해야 합니다.

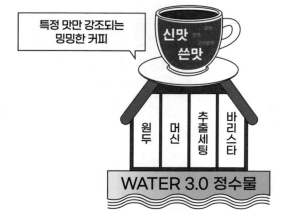

미네랄메이커
헬스워터 솔루션

마그네슘 이온 생성
(탄산경도 UP)

알칼리이온화

물 입자 미세화

유해균 억제

미네랄메이커는 산성화된 물을
마그네슘 알칼리이온 워터로 알칼리화 합니다.

**마그네슘 양이온은 커피 추출력을 높이고,
음이온은 부정적인 신맛과 쓴맛을 조절합니다.**

이를 통해 **부드럽고 다양한 맛의 밸런스가 있는
깔끔한 고급스런 커피를 연출**합니다.

몸의 자연 치유력을 높이고 커피 맛을 향상시키는
헬스워터 솔루션 미네랄메이커.
꼭 체험해 보세요!

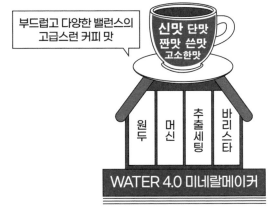

미네랄메이커 주요 특징

1. 최적의 용해성과 추출로
   이상적인 커피 맛 연출

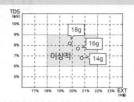

2. 과도하게 찌르는
   신맛, 쓴맛을 제어하여
   다양한 커피 맛 연출

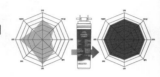

3. 밍밍한 커피 맛 때문에
   늘렸던 원두양 줄이고
   매출 상승 기대

원두 100kg당 예상 매출액

20g/잔 5,000잔 x 3,000원 = 15,000,000원
18g/잔 5,555잔 x 3,000원 = 16,665,000원
　　　　　　　상승 기대 매출액 ₩1,665,000 ↑
16g/잔 6,250잔 x 3,000원 = 18,750,000원
　　　　　　　상승 기대 매출액 ₩3,750,000 ↑

* 연간 최대 45,000,000원 *

4. 커피 카페인
   부작용으로 인한
   위장 컨디션 개선 도움

미네랄메이커 서비스

필터 설치 & 교체
전문 엔지니어가 매장에 방문하여
필터 설치 & 교체를 해드립니다.

수질 컨설팅
매장의 수질을 과학적으로 분석하여
물의 품질 수준 이해를 도와드립니다.

커피 맛 컨설팅
현재 추출 세팅의 TDS와 수율을 커피 컨트롤
챠트를 통해 과학적으로 분석해 드립니다.

미네랄메이커 브랜드 소개

'미네랄메이커'는 깊은 산속에서 만들어지는 미네랄워터를
언제, 어디서나 마실 수 있는 경험을 제공합니다.

**미네랄메이커는 마그네슘 미네랄이 풍부한
알칼리이온 워터를 생성**하는 혁신적인 기술로
'레볼루션 워터 4.0' 시대를 선도하고 있습니다.

미네랄메이커는 **몸의 자연 치유력을 높이고
커피 맛을 향상시키는 헬스워터 솔루션을 제공**하여 고객들에게
건강과 맛의 새로운 라이프스타일을 제안합니다.

상업용 미네랄메이커 필터   홈카페용 미네랄메이커 보틀

*미네랄메이커 제품은 NSF, FDA CFR21, ISO9001, ISO14001등의 인증을 받은 소재와 제조사에서 생산하여 안전합니다.

물은 커피 맛을 결정합니다

물의 역사에 따라 커피 맛은 변하고 있습니다.
물의 3세대(정수기,생수)는 커피 맛 고민의 시대이고,
**레볼루션 워터 4.0 세대는 커피맛 고민을 해결하는
미네랄메이커 시대**입니다.

카페 사장님들의
미네랄메이커 필터 사용후기

◆ 커피 맛이 완전 다름, 과도하게 찌르는 산미가 부드러워지고
단맛이 올라와 밸런스가 느껴짐.

◆ 매장을 옮기고 경도 때문에 커피 맛이 안 나서 수도공사,
필터교체 해보았지만 해결이 안되었는데, 미네랄메이커 필터 사용하고
경도가 딱 맞아서 커피 맛 고민 해결함.

◆ 비가 내릴 때 커피 맛이 안 올라왔었는데 커피 맛이 올라왔음.

◆ 탄산경도가 낮아서 커피 맛이 밍밍하거나 쓰기만 했는데
미네랄메이커 필터 사용하고 탄산경도가 증가되어
커피 향이 올라오고 밸런스가 잡혀서 만족함.

◆ 바닷가 근처라 물이 이상함. 원두업체에서 'B'사 리미네랄 필터로
테스트시 크게 효과를 못 보았고 'B'사 제품 사용 시 향미가 부족했음.
다른 필터를 사용하면 쓰고 떫은 맛이 올라왔지만
미네랄메이커 필터 사용하고 향미가 올라왔음.

◆ 틀어진 커피 맛, 갑자기 쓴맛이 올라오거나 연해지는 문제를
미네랄메이커 필터로 해결함.

◆ 단맛이 올라와서 잘 사용 중.

◆ 부드럽고 깔끔하다, 밸런스 있다.

대형 베이커리 카페
미네랄메이커 필터 설치사례

카카오톡
채팅문의

미네랄메이커
스토어

미네랄메이커 커피연구소
상담 전화 T. 031-266-0078

🌢 컨설팅 사진 자료